辽宁省社会科学规划基金项目"一带一路战略下辽宁高、中低技术产业间创新驱动效率提升路径研究"（L17CJY006）

产业创新驱动发展研究

马胜利 著

Research on Industrial
Innovation-Driven Development

中国社会科学出版社

图书在版编目（CIP）数据

产业创新驱动发展研究 / 马胜利著. —北京：中国社会科学出版社，2020.12
ISBN 978 – 7 – 5203 – 8524 – 4

Ⅰ.①产… Ⅱ.①马… Ⅲ.①产业发展—研究—中国 Ⅳ.①F269.2

中国版本图书馆 CIP 数据核字（2021）第 098132 号

出 版 人	赵剑英
责任编辑	宋燕鹏
责任校对	石建国
责任印制	李寡寡

出　　版	中国社会科学出版社
社　　址	北京鼓楼西大街甲 158 号
邮　　编	100720
网　　址	http://www.csspw.cn
发 行 部	010 – 84083685
门 市 部	010 – 84029450
经　　销	新华书店及其他书店
印　　刷	北京明恒达印务有限公司
装　　订	廊坊市广阳区广增装订厂
版　　次	2020 年 12 月第 1 版
印　　次	2020 年 12 月第 1 次印刷
开　　本	710×1000　1/16
印　　张	12
字　　数	180 千字
定　　价	68.00 元

凡购买中国社会科学出版社图书，如有质量问题请与本社营销中心联系调换
电话：010 – 84083683
版权所有　侵权必究

目　录

第一章　绪论 …………………………………………………（ 1 ）
　　第一节　研究背景与意义 …………………………………（ 1 ）
　　第二节　研究内容与框架 …………………………………（ 3 ）
　　第三节　研究方法与创新点 ………………………………（ 7 ）
第二章　理论基础 ……………………………………………（ 10 ）
　　第一节　创新与经济增长 …………………………………（ 10 ）
　　第二节　知识溢出在技术创新中的作用 …………………（ 21 ）
第三章　高、中低技术产业间创新驱动理论分析框架 ………（ 30 ）
　　第一节　创新驱动内涵 ……………………………………（ 30 ）
　　第二节　产业创新属性与核心因素 ………………………（ 35 ）
　　第三节　产业间创新驱动内在机制 ………………………（ 38 ）
　　第四节　高技术—中低技术两部门理论模型 ……………（ 41 ）
　　第五节　模型动态分析与驱动效应 ………………………（ 44 ）
　　第六节　本章小结 …………………………………………（ 56 ）
第四章　创新驱动效应测度：基于产业间驱动模型的构建 …（ 59 ）
　　第一节　创新驱动效应测度模型构建 ……………………（ 59 ）
　　第二节　模型假设实证检验 ………………………………（ 61 ）

第三节　中国区域高技术产业创新驱动指数测算与分析 …（68）

第四节　本章小结 …………………………………………（73）

第五章　质量评价：创新质量对创新驱动效应的影响 …………（75）

第一节　创新质量概念 ……………………………………（76）

第二节　创新质量评价体系构建与测度 …………………（81）

第三节　创新质量对创新驱动效应影响的实证分析 ……（91）

第四节　本章小结 …………………………………………（102）

第六章　产权制度：知识产权保护对驱动效应的影响 …………（105）

第一节　知识产权保护在产业技术创新中的作用 ………（105）

第二节　知识产权保护对创新驱动效应影响的

经济学分析 ………………………………………（113）

第三节　知识产权保护对创新驱动效应影响的实证分析 …（118）

第四节　本章小结 …………………………………………（132）

第七章　开放经济：FDI 对创新驱动效应的影响 ………………（136）

第一节　FDI 在产业技术创新中的作用 …………………（136）

第二节　FDI 对创新驱动效应的影响 ……………………（146）

第三节　FDI 对创新驱动效应影响的实证分析 …………（147）

第四节　本章小结 …………………………………………（160）

第八章　研究结论与政策启示 ……………………………………（162）

第一节　研究结论 …………………………………………（162）

第二节　政策启示 …………………………………………（167）

参考文献 ……………………………………………………………（172）

图表目录

图目录

图 3-1　高技术产业创新驱动中低技术产业经济增长的机理……（37）

图 3-2　E_{hr} 的变化对高技术部门知识积累的影响……………（53）

图 3-3　中低技术部门向高技术部门产业融合………………（53）

图 3-4　中低技术部门与高技术部门平行发展………………（55）

图 3-5　整体经济增长率变化……………………………………（56）

图 4-1　中国各省市 HDLI 比较…………………………………（71）

图 5-1　创新质量理论结构框架…………………………………（81）

图 5-2　高技术产业创新质量对区域 HDLI 的影响……………（99）

图 5-3　中国各地区创新质量对 HDLI 的影响…………………（101）

图 6-1　知识产权制度激励效应发挥的作用机理图……………（109）

图 6-2　知识产权创新扩散效应发挥的作用机理图……………（111）

图 6-3　知识产权保护对平衡增长路径的冲击…………………（117）

图 6-4　知识产权保护强度指标体系……………………………（121）

图 6-5　中国知识产权保护强度均值动态变化…………………（122）

图 6-6　知识产权保护强度对区域 HDLI 的影响………………（130）

图 6-7　中国各地区创新质量对 HDLI 的影响 ……………………（132）

图 7-1　FDI 溢出效应与替代效应发生机理图 ……………………（139）

图 7-2　FDI 对区域 HDLI 的影响 …………………………………（157）

图 7-3　中国各地区 HDLI 对 HDLI 的影响 ………………………（159）

表目录

表 2-1　几种不同类型技术创新的性质 ……………………………（18）

表 4-1　高技术产业创新驱动中低技术产业增长指数
　　　　（HDLI）分类 ……………………………………………（60）

表 4-2　变量设定与数据来源 ………………………………………（64）

表 4-3　单位根检验结果 ……………………………………………（64）

表 4-4　Kao 检验和 Pedroni 检验结果 ……………………………（65）

表 4-5　Johansen 面板协整检验结果 ………………………………（65）

表 4-6　模型设定检验结果 …………………………………………（66）

表 4-7　中国区域中低技术产业知识创新因素分析 ………………（68）

表 4-8　1995—2012 年中国区域 HDLI 测算结果 …………………（70）

表 4-9　1995—2012 年中国各省（市）HDLI 及产业
　　　　互动发展模式 ……………………………………………（70）

表 5-1　创新质量评价体系 …………………………………………（82）

表 5-2　1995—2012 年中国高技术产业创新质量因素权重 ………（87）

表 5-3　1995—2012 年中国各地区高技术产业创新质量
　　　　体系平均得分 ……………………………………………（88）

表 5-4　中国各地高技术产业创新质量水平聚类分析结果 ………（89）

表 5-5　中国中低技术产业知识创新因素分析 ……………………（95）

表 5-6　稳健性检验回归结果 ………………………………………（96）

表 5-7	高技术产业创新质量对中国各省（市）HDLI 的影响	（100）
表 6-1	1995—2012 年中国各省（市）知识产权保护强度（IP）均值及排名	（122）
表 6-2	中国中低技术产业知识产出因素分析	（125）
表 6-3	稳健性检验回归结果	（127）
表 6-4	知识产权保护对中国各省（市）HDLI 的影响	（131）
表 7-1	中国中低技术产业知识产出因素分析	（153）
表 7-2	稳健性检验回归结果	（154）
表 7-3	FDI 对中国各省（市）HDLI 的影响	（158）

第一章 绪论

第一节 研究背景与意义

"十八大"以来,我国加快转变经济发展方式,逐步把推动发展的立足点转到提高质量和效益上来,着力激发各类市场主体发展新活力,着力增强创新驱动发展新动力,着力构建现代经济体系,着力培育开放型经济发展新优势,不断增强长期发展后劲。这表明中国目前正处于经济转型期,依靠科技进步促进创新能力提升是产业转型升级的主要途径,也是增强产业竞争力与提高全要素生产率的必然选择。因此,作为提高社会生产力和综合国力的战略支撑,"创新驱动"是中国发展的核心战略,现阶段的高技术产业不再是独立发展的个体,而应与传统产业全面结合,以释放其创新驱动效应。

改革开放 40 多年来,中国经济主要依靠生产要素与投资驱动发展,虽然在总量方面已取得较大跨越,但终改变不了大而不强的事实,经济快速增长背后存在一系列发展隐患:劳动红利消失、环境污染严重、核心技术缺失等问题日渐凸显,加之新兴经济体工业化进程的不断崛起也致使众多中低端制造企业陷入比较优势的陷阱中,传统 GVC

嵌入方式受到要素红利门限效应的发挥而不断将企业困于低端锁定中，企业转型升级迫在眉睫。依据经济增长理论，推动经济发展的动力分为四个阶段：要素驱动、投资驱动、创新驱动以及财富驱动。上述问题的发生预示着，中国经济增长到了由要素驱动、投资驱动转向创新驱动的关键时刻，中国需要在新时期为寻求新的增长空间而实现增长动力的转换，努力做到从依靠人口红利、资源红利转向依靠科技进步以提升劳动生产率的创新红利。但是，目前资源环境对中国经济发展的约束增强，要素驱动模式难以为继，加快经济发展方式转变的关键是从主要依靠要素驱动向依靠创新驱动转变，尤其是对高技术产业带动中低技术产业发展具有重要现实意义。

经济发展新常态要求实现创新驱动。随着中国经济从高速增长转向中高速增长，推动经济增长的动力要从要素驱动和投资驱动转向创新驱动。前一阶段，中国高储蓄、高投资的外向型发展模式已然显现出疲态，一是高速度、低质量的增长日益加大资源环境制约与经济结构转型的矛盾，高污染、高能耗的产业发展弊端已经危及人与社会、自然关系的和谐相处；二是劳动力成本较低的比较优势逐渐丧失，人口红利支撑低端产业发展的动力不足；三是发达国家再工业化浪潮兴起，工业4.0时代加剧了制造业国际全产业链的竞争。科技进步与个性化定制时代的到来，新能源与互联网的深度结合，在不断改变世界产业融合发展格局的同时，越来越需要各国加大智力投资，参与新一轮全球智能化时代的竞争与合作。因此，创新驱动不仅是新常态的内在要求，也是实现我国集约化、信息化和智能化发展的首选动力。

产业结构转型升级亟需创新驱动。随着我国工业化进程从中期走向中后期，传统三次产业对经济增长的贡献率也在不断调整，意味着新形势下要不断加大第三产业在产业结构中的比重，尤其要发挥生产性服务业对制造业的支撑作用。一是制造业产业价值链低端"锁定"，向微笑曲线两端攀升需要创新支撑。国际产业链分工格局促进了我国制造业的飞速发展，但随着国外中低技术转移潜力的消失，支撑中低端制造业进一步发展的自主创新能力并未形成，使得我国落入世界"制造工厂"而非"创造工厂"的尴尬位置；二是生产性服务业发展滞后，与制造业良性互动发展局面尚未形成。生产性服务业的发展以制造业的繁荣为基础，而制造业的智能化转型需要生产性服务业的配套支撑。我国长期以来重工业轻服务业的发展现实，造成生产性服务业滞后于制造业的发展需求，亟需创新生产性服务业的体制机制，尤其要加强对金融服务业、物流服务业和科技服务业的创新力度。因此，新形势下的产业结构转型升级不仅要体现在结构的合理性，更要体现在产业结构调整的动态适应性，而这种能力的实现必然要选择创新驱动。

第二节　研究内容与框架

一　研究内容

在创新驱动战略实施的背景下，本书就"创新驱动"本身展开了相关研究，本书以中国高技术产业创新驱动中低技术产业经济增长为切入点和研究对象，通过文献梳理、数理模型和实证分析，分别回答了高技术产业创新驱动中低技术产业经济增长的本质、机理、效果和内外部影响等问题。

本书的主要研究内容如下：

（1）绪论。本章首先提出了本书的研究背景和意义，着重从国家创新驱动发展战略的实施和经济发展方式转变的视角，探讨了高技术产业创新对中低技术以及整个经济体的巨大驱动作用；其次，介绍了本书的研究框架和主要内容；最后，提出了本书的研究方法和主要创新点。

（2）理论基础。主要回顾和总结了本章研究的理论基础，基于新经济增长和创新经济学的相关研究，本章首先梳理了技术创新和经济增长的内涵，以及技术创新对经济增长的促进理论。其次，围绕知识溢出在技术创新中的作用，本章梳理了知识溢出的内涵、类别以及区域差别对创新的不同影响。最后，本章总结了知识生产函数的相关研究。

（3）创新驱动理论分析框架。在创新驱动战略实施的背景下，本章以中国高技术产业创新驱动中低技术产业经济增长为切入点和研究对象，通过文献梳理，提出了高技术产业创新驱动中低技术产业经济增长的本质，即高技术产业创新驱动中低技术产业经济增长就是高技术产业创新成果向中低技术产业扩散和转化，进而带动中低技术产业全要素生产率提升和资源配置优化的过程。在高技术产业创新驱动本质基础上，本章进一步分析了高技术产业创新驱动中低技术产业经济增长的内在机理和过程，从产业间创新影响的不对等性、创新成果的可流动性、创新植入的破坏性和创新系统的适应性四种属性的变化，可将创新驱动过程划分为嵌入、协同、融合和逆向四个不同阶段。最后，本章将创新驱动机理抽象成为数理模型，构建了高技术—中低技术两部门模型，并深入分析了高、中低技术产业间的创新驱动机理。

（4）创新驱动指数构建。本书在高技术——中低技术两部门模型理论分析基础上，分别构建了高技术产业创新驱动中低技术产业经济增长指数（HDLI）和高技术产业创新驱动经济增长指数（HDYI）。进一步，本章根据高技术产业创新驱动中低技术产业经济增长指数的变化，可将高、中低技术产业间的互动发展分为收敛、发散、并行、锁定和挤出等不同的模式，并且，还可以根据 HDLI 与 1 的大小关系，来判断产业间创新驱动所处的不同阶段。为了检验中低技术产业知识生产函数的设定假设，本章用 1995—2012 年的相关数据进行了实证检验，并在实证结果基础上，测算了中国整体和东部、中部以及西部地区 1995—2012 年间的 HDLI 大小。

（5）创新质量对创新驱动效应的影响。本章在高技术产业创新驱动中低技术产业发展理论分析基础上，依据创新驱动产业发展的生成、应用、扩散和转化四个过程，提出了高技术产业创新的产业适应性程度概念——创新质量。进一步，在创新质量理论分析基础上，本章从企业家创新意志、创新要素市场化、创新独占性、专有互补性资产、网络关系、市场结构、消化吸收和学习能力八个方面构建了中国高技术产业创新质量评价指标体系，用来研究高技术产业创新质量的水平。最后，通过 1995 年—2012 年的中国省级面板数据实证检验了高技术产业创新质量对产业间创新驱动效应的影响作用。

（6）知识产权保护对创新驱动效应的影响。本章从产权制度的角度，针对知识产权保护制度对高、中低技术产业间创新驱动效应的影响进行了理论和实证分析。首先，通过文献梳理，本章总结了知识产权保护制度在产业技术创新中的作用，并提出知识产权保护在技术创新中主要通过创新激励效应和创新扩散效应得以体现的观点。其次，本章将知识产权保护因素纳入高技术——中低技术两部门理论模型，从微观的视角分析了知识产权保护对高技术厂商和中低技术厂商经济行为的影响。最后，本章依据文献哲理分析和数理理论分析的过程和结论，提出了知识产权保护对产业间创新驱动效应作用的相关假设，并针对假设进行了实证检验。

（7）FDI 对创新驱动效应的影响。本章从开放经济的角度，针对 FDI 对高、中低技术产业间创新驱动效应的影响进行了分析。通过文献梳理，本书总结了 FDI 在产业技术创新中的作用，并从 FDI 的溢出效应和 FDI 对自主创新的替代效应两个方面进行了分析。进一步，本章依据文献哲理分析和数理理论分析的过程和结论，提出了 FDI 对产业间创新驱动效应作用的相关假设，并针对假设进行了实证检验。在实证结果基础上，本书测算了1995—2012年间全国、区域和各省（市）的高、中低技术产业间创新驱动指数（HDLI），并对比分析了FDI因素对HDLI的影响。

（8）研究结论与政策启示。本部分内容总结了本书的主要结论与政策启示。

二 研究框架

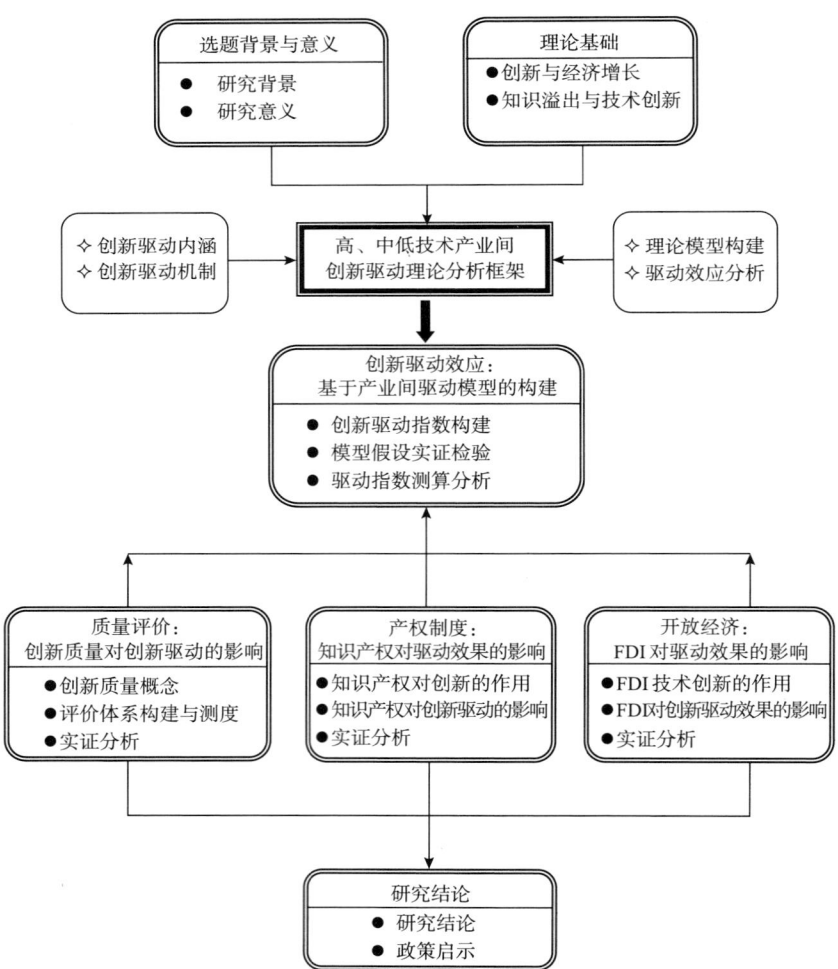

第三节　研究方法与创新点

一　研究方法

本书综合运用了技术创新经济学、产业经济学、发展经济学和制度经济学等相关学科的理论和方法,力求能够较全面地研究高技术产业对中低技术产业的创新驱动内涵与机制。综合起来,本书主要采用了以下研究方法:

(1) 文献研究法。本书以创新驱动为核心,围绕技术创新、经济增长、产业关联和知识溢出等内容搜集、整理了相关研究文献,通过对相关研究现状及成果的归纳、总结和评述,提出了本书研究创新驱动问题的切入点和方向。

(2) 逻辑演绎和实证分析相结合的方法。逻辑演绎法主要体现在高、中低技术产业间创新驱动内在机制分析方面,本书从产业间创新属性的差别为逻辑起点,推演出因产业间创新属性变化而引发的创新驱动机制运行过程,并形成了产业间创新驱动的不同阶段和特征。在逻辑推演基础上,本书构建了高技术产业创新驱动中低技术产业经济增长的数理模型,通过数理推导刻画了产业间创新驱动的内在机理,并提出了研究假设。本书采用面板数据模型对研究假设进行了实证检验,力求通过逻辑演绎和实证分析相结合的方法,客观反映出中国高技术产业创新驱动中低技术产业经济增长的机制、阶段和效果。

(3) 定性分析和定量分析相结合的方法。首先,根据产业间创新驱动的内在机制,定性描述产业间创新驱动指数的内涵。其次,构建产业间创新驱动指数,并根据面板数据模型的回归结果,测算出产业间创新驱动指数的实际值。最后,比较分析高技术产业创新质量、知识产权保护和 FDI 对产业间创新驱动效果的影响。

（4）系统分析法。综合上述多种分析方法，根据本书理论分析的过程和实证分析的结果，对高、中低技术产业间创新驱动的机制和效果，以及质量监管、产权制度和开放经济对产业间创新驱动效果的影响进行系统地分析和总结，归纳出本书的主要研究结论，提出相应的政策建议。

二　主要创新点

（1）从高、中低技术产业层面提出了创新驱动的内涵。在国家创新驱动发展战略实施的背景下，如何依靠高、中低技术产业间的创新驱动，加快中低技术产业创新能力的提升，使得中低技术产业摆脱在国际产业分工中的"低端锁定"状态，是本书研究的主要现实背景。因此，本书提出了产业层面的创新驱动内涵，即高技术产业创新驱动中低技术产业增长的本质，是高技术产业创新成果向中低技术产业扩散和转化，进而带动中低技术产业全要素生产率提升和资源配置优化的过程。

（2）构建了产业间创新驱动指数。在本书构建的高、中低技术产业创新驱动理论模型的基础上，提出了高技术产业创新驱动中低技术产业经济增长指数（HDLI），该指数反映了高技术产业创新驱动中低技术产业经济增长的程度，即 HDLI 越高，表明高技术产业创新对中低技术产业经济增长的贡献越大。同时，该指数还可以间接反映出高技术产业与中低技术产业间知识技术差距（知识势差）的变动趋势，进而反映产业间创新驱动过程以及两个产业发展模式变化。

（3）提出了高技术产业创新质量概念，以及构建了高技术产业创新质量评价指标体系。从产业的视角来看，高技术产业创新质量就是高技术产业创新满足高技术产业本身以及与高技术产业相关联的中低技术产业发展要求的程度，即高技术产业单位创新满足相关产业发展要求程度越高，单位创新质量越高。按照创新驱动产业发展的内在机制要求，本书将高技术产业创新质量分为创新生成质量、创新应用质量、创新扩散质量和创新转化质量，并从企业家创新意志、创新要素市场化、创新独占性、专有互补性资产、网络关系、市场结构、消化吸收和学习能力八个方面构建了中国高技术产业创新质量评价指标体系。

第二章 理论基础

第一节 创新与经济增长

技术创新对经济增长的作用使得很多经济学家为之着迷。在古典经济学派中,亚当·斯密在《国富论》中最早提出了这个问题,即促进生产率的主要方式主要有发明和技术改进。其后,将技术进步归为社会经济发展的核心力量的是马克思和马歇尔。熊彼特正式研究技术创新影响社会经济活动,并对技术创新的内涵进行充分说明,即技术创新由于其不确定性成为竞争的重要因素。其后的新古典经济学派在原有学派基础上,继续深入研究技术创新对经济增长的影响。刘易斯将技术创新总结为知识,并在自己的著作《经济增长理论》中一再强调,知识是经济持续增长的重要源泉。20世纪中叶,著名经济学家索洛对生产函数进行分析,并把技术因素以外生变量的身份引入函数中,建立了新古典经济增长学派和理论,由于在引进技术的同时并没有考虑到其外生性,所以仅仅将经济增长中资本和劳动不能解释的"剩余"归功于技术创新,使得一系列关于技术创新的深入研究难以进行。因此,很多学者仅仅在此基础上对技术创新作了简单的测度。真正将技术创新这一黑箱打开的是阿罗，其在1962年构建了"干中学"模型开创了内生经济增长理论，此模型首次将技术创新内生化，并解释了创新是由于长期的知识积累的，而这种积累需要大量的实践和资本积累。在此基础上，罗林伯格扩宽思路提出了所谓的"用中学"模型，充实了内生经济增长理论。80年代中叶，罗默和斯科从分析资本积累的角度对技术创新重新认识，得出技术变化对经济增长的重要影响这一结论。卢卡斯转变了研究视角，在吸收舒尔茨的人力资本理论基础上，扩展了宇泽模型，得出对人力资本投资可以促进溢出效应的重要观点。20世纪以后，诸多学者在前人的基础上继续对技术创新的作用加以深入分析，其中1992年阿吉翁和豪依特在熊彼特的创造性毁坏过程基础上，分析了技术进步的源泉，发现创新的研究结构之间的碰撞是技术进步的重要原因。这说明技术进步一方面可以促进经济增长，同时从另一个角度看，更能够对实体投资和人力资本增长起到关键性的催化融合作用[1]。东内利安在分析经济系统的平衡增长问题时，发现在垄断竞争环境下经营并且能够产生特殊知识的企业更易于引入创新，同时分析也发现，通用技术知识不会因为受到技术变革和结构变迁之间相互作用的影响改变对经济增长的影响。技术进步对产业结构也存在着两个方面的影响，一方面是由于新的较为先进的技术引进改变竞争者的竞争优势的水平影响，另一方面是新技术的引入所产生的直接或间接的变化的垂直影响。

对于发展中国家来说，国际贸易所产生的技术溢出可以作为一国的发展动力，这是内生增长理论的重要应用。这种国际贸易带来的技术进步主要有两种途径：一方面，落后国可以通过模仿前沿技术实现技术进步，因为这种模仿是一种"干中学"的过程；另一方面，国际

---

[1] ［美］理查德·R. 纳尔逊、［美］悉尼·G. 温特：《经济变迁的演化理论》，胡世凯译，商务印书馆1997年版，第15页。

贸易对东道国的要素市场间接影响也促进技术的进步,但是这种效果并不理想。其他研究贸易促进东道国的技术进步的学者认为,简单的模仿创新模式,会使得发达国家与发展中国家之间造成技术水平差异[1],只有通过使得技术进步、国际贸易和要素积累三者之间形成良性的耦合、互补,才能使得东道国的经济增长,并使得工人的自身技能得以提高。

一 技术创新的内涵

自从熊彼特首次将"创新"引入经济学分析以来,国内外学者针对企业、产业以及区域的创新行为展开了全面而深入的研究。在熊彼特1912年出版的《经济发展理论》中,他将创新视为一个新的生产函数建立的过程,即创新是企业家对生产要素的新的组合。他认为创新主要分为五个过程:一是引进了新的产品;二是引进新技术或新的生产方法;三是开辟了新的产品销售市场;四是控制生产原材料的新供应渠道;五是创建新型企业组织[2]。即使从现在的研究视角看来,熊彼特对创新的定义也是比较完善的,他从产品创新和技术创新入手,逐渐深入对制度创新、组织创新和市场创新的讨论。随后,熊彼特进一步完善、补充和发展了技术创新在经济发展中的作用,他在《资本主义、社会主义与民主》一书中充分考虑了企业内部成功的技术创新对企业研发的正向反馈过程,考察了企业技术创新的过程,并将技术创新视为经济发展的内生变量,这是他经济思想的一大转变。

沿着熊彼特创新思想的研究脉络,众多学者对技术创新做了不同视角的解释。

---

[1] Grossman, and E. Helpman, Innovation and Growth in the Global Economj, Cawlwielge: MIT Press, 1991.
[2] [美]熊彼特·约瑟夫:《经济发展理论》,何畏、易家详译,商务印书馆1990年版,第58页。

第二章 理论基础

诺思（North，1962）在《石油加工业中的发明与创新》中认为："技术创新是文明的选择、资本投入的保证、组织建立、制定计划、招用工人和开辟市场等多种行为综合的结果。"

希克斯更是进一步地提出了诱导创新模型，他认为："生产要素相对价格的变化，本身便是对某种特定发明的激励——发明的方向在于更经济地利用价格变得相对昂贵的要素。"[1]

美国科学基金会将技术创新定义为："技术创新是将新的或改进的产品、过程或服务引入市场。"[2]

迈尔斯和马奎斯在《成功的工业创新》中指出："技术创新是一个复杂的过程，从新思想和新概念开始，通过不断地解决各种问题，最终使一个有经济价值和社会价值的新项目得到实际的应用"。

Utterback 把技术创新的定义归为三类："第一类是与发明相似的一种创造性活动，这种创新强调创新的起源和新颖性；第二类是某种硬件及其设计和生产，这一概念重视市场或生产过程中的有形形式和使用；第三类是选择某种事物，包括它的使用和扩散，这种观点强调接近用户的重要性。"

弗里曼认为技术创新是"包括与新产品的销售或新工艺、新设备的第一次商业性应用有关的技术、设计、制造、管理以及商业活动"[3]。

美国经济学家曼斯菲尔德认为，"技术创新是从企业对新产品的构思出发，以新产品销售和交货为终结的探索性活动"[4]。

经济与合作发展组织（OECD）认为："技术创新包括新产品和新工艺以及原有产品和工艺的显著变化。"

---

[1] Hicks J., *The Theory of Wages*, London: Macmillan, 1963, p. 124.
[2] 周芳：《中小企业技术创新的需求诱致与对策研究》，《中外企业家》2006 年第 1 期。
[3] Freeman C., *The Economics of Industrial Innovation*, Cambridge: The MIT press, 1982, p. 110.
[4] Mansfield M., "Industrial Innovation in Japan and the United States", *Science*, No. 241, 1988, p. 49.

谬尔塞将技术创新定义为以其构思新颖性和成功实现为特征的有意义的非连续性事件[①]。

在我国经济学科的发展过程中，关于技术创新以及技术经济的研究一直处于较为特殊的位置。伴随着20世纪80年代熊彼特创新理论引入我国学界以后，技术创新在经济高质量增长中的重要作用引起了广泛的关注，并涌现出了一批集中在企业创新、产业创新、区域创新、创新管理工具、创新政策制定、国家创新系统等领域的专家学者。

我国技术创新研究专家傅家骥教授认为："技术创新是企业家抓住市场的潜在盈利机会，以获取商业利益为目标，重新组织生产条件和要素建立起效能更强、效率更高和费用更低的生产经营系统，从而推出新的产品、新的生产工艺、方法，开辟新的市场，获得新的原材料或半成品供给来源及建立企业新的组织，是包括科技、组织、商业和金融等一系列的综合过程。"[②]

许庆瑞认为："技术创新是技术变革的一个阶段。技术变革过程大体可分为技术发明、创新和扩散三个阶段。发明是指有史以来第一次提出某种技术的新概念、新思想、新原理；创新则是继发明之后实现新技术的第一次商业性应用，是科学转化为直接生产力的阶段。"[③]

王明友认为："技术创新是指新产品和新工艺设想的产生（获取）、研究开发、应用于生产、进入市场并实现商业利益以及新技术扩散整个过程的一切技术经济活动的总和。"[④]

张培刚认为："技术创新是研究生产力的发展和变化，是使新技术应用于生产，这是一个循环往复而又逐步提高的过程"[⑤]。

---

① Mueser R.，"Identifying Technical Innovations"，*IEEE Trans on EngManagemen*，No. 11，1985，p. 98.
② 傅家骥：《技术创新学》，清华大学出版社1998年版，第54页。
③ 许庆瑞：《研究、发展与技术创新》，高等教育出版社2000年版，第43页。
④ 王明友：《知识经济与技术创新》，经济管理出版社1999年版，第49页。
⑤ 谭慧编：《张培刚经济论文选集（下卷）》，湖南出版社1992年版，第128页。

张凤、何传启将其定义为："技术创新是学习、引进、开发和应用新技术并产生经济效益的过程；技术创新过程中，可以涉及研究与发展活动，但这种研究与发展是围绕某个产品或工艺创新展开的。"[1]

二 经济增长的内涵

经济增长作为一个古老而深邃的经济学术语，对它的研究一直可以追溯到十分久远的年度，古希腊的色诺芬在《希腊的收入》和《经济论》中就已经论述过财富的来源和性质。但是，对经济增长较为系统的研究则是在古典经济学的发展过程中形成的。魁奈（1758）、亚当·斯密（1776）、李嘉图（1817）、马尔萨斯（1798）、杨格（1928）和奈特（1944）等都对经济增长问题进行过深入的研究。从重农主义、重商主义一直到今天的研究成果，经济增长始终是一个令人着迷并值得研究的命题。

经济思想史上，经济学家对经济增长内涵的理解有所差异，代表性的观点有三种：第一种认为经济增长是指一个国家或地区的经济所生产的物质产品和劳务在相当长时期内的持续增长，即实际总产出的持续增长。这方面的代表性论述是萨缪尔逊在其与诺德豪斯合著的《经济学》中的说法："经济增长……用现代的说法就是指，一个国家潜在的国民产量，或者潜在的实际 GNP 的扩展。我们可以把经济增长看作是生产可能性边缘随着时间向外推移"[2]；第二种认为经济增长是按人口平均的实际产出的增长，即人均实际产出的持续增长。这方面代表性的论述是刘易斯在《经济增长理论》中给出的：经济增长是"按人口平均的产出的增长"[3]；第三种认为经济增长被看作是社会经济

---

[1] 张凤、何传启：《国家创新系统》，中国高等教育出版社1999年版，第82页。
[2] [美] 萨缪尔逊、[美] 诺德豪斯：《经济学》，中国发展出版社1992年版，第1320页。
[3] [美] 刘易斯：《经济增长理论》，梁小民译，上海人民出版社1997年版，第3页。

各个方面的长期演变和增长，而非仅是社会生产能力的提高。代表性论述有诺贝尔经济学奖得主西蒙·库兹涅茨的说法："一个国家的经济增长，可以定义为向它的人民提供日益增加的经济商品的能力的长期上升，这个增长的能力，基于改进技术，以及它要求的制度和意识形态的调整。"① 他进一步说："我们把各国的经济增长看作是通常由人口的增加和广泛的结构变化所伴随着的每人或每个劳动力产值的持续增加。"

本书所谈论的经济增长是按照库兹涅茨的定义展开的，并将其作为进行经济增长问题研究的出发点②。库兹涅茨的定义主要包含三个层次：第一层次，商品总供给的不断增加（即 GNP 或 GDP 的增加）是经济增长的集中体现与结果，这是经济增长的核心。如果考虑到人口的增加与价格的变动，经济增长就是人均实际 GNP（或 GDP）的增长；第二层次，技术进步是实现经济增长的"一种必要条件"。库兹涅茨重点强调先进技术的重要性，是经济增长的源泉和"一种必要条件"。在影响经济增长的各种因素中，技术进步十分关键，没有技术进步现代经济增长也无从谈起；第三层次，制度与意识形态的相应调整是经济增长的充分条件。第二点中提到的技术进步为经济增长提供了一种可能性，使可能变为现实的关键是社会制度与意识形态的相应调整。只有当社会制度与意识形态能够促进经济增长时，先进技术的推广才能更好地实现，才能有效地使用人类智慧中的创造和革新。

经济发展是一个与经济增长容易混同的概念。经济发展与经济增长既有区别又有联系，主要表现在：经济发展是指一个国家或地区随着经济增长而出现的经济、社会、文化和政治的整体演进和改善。经济发展主要包括三个方面的内容：一是经济数量的增长，即一个国家

---

① ［美］西蒙·库兹涅茨：《现代经济增长：事实与反思》，北京经济学院出版社1989年版，第25页。
② 梁小民：《宏观经济学高级教程》，北京大学出版社1993年版，第45页。

或地区产品和劳务通过增加投入或提高效率获得更多的产出，它构成经济发展的物质基础；二是经济结构的优化，即一个国家或地区投入结构、产出结构、分配结构、消费结构以及人口结构等各种结构的协调和优化，这是经济发展的必然环节；三是经济质量的提高，即一个国家或地区经济效益水平、社会和个人福利水平、居民实际生活质量、经济稳定程度、自然生态环境改善程度以及政治、文化和人的现代化，这是经济发展的最终标志[1]。

如果将经济增长看作是一个量性概念，那么经济发展则是质性与量性相统一的概念。经济发展不仅包括经济增长的主要内容（增长的速度、平稳程度和结果），而且还包括一国（地区）人民的平均生活质量的改善和社会结构的总体进步等。具体而言，经济发展不仅包括经济总量在数量方面的变化，而且强调经济总量在结构方面的优化以及环境污染的治理、生态平衡的维持、文化教育卫生事业的发展、人民生活水平的提高乃至整个社会经济生活质量的提升等。可见经济发展是一个比增长更广义的概念。

经济发展与经济增长具有天然的内在联系。从本质上看，二者都是通过资源的合理使用和优化配置而使社会财富逐步积累的过程，并在这一过程中实现满足人民群众日益增长的多样化需求。从这一角度进行分析，我们认为经济发展与经济增长的方向是一致的。经济增长是经济发展的重要基础，同时，经济增长还是促成经济发展的最基本动力和重要物质保障。总体来说，经济增长是基础和手段，经济发展是目的和结果。经济发展是经济增长的长期趋势和经济增长的重要目的，同时也是经济持续增长的最终结果。经济发展的很多方面（例如国民生活水平的提高、经济结构、社会形态等）在很大程度上都依赖

---

[1] 张维达：《政治经济学》，高等教育出版社2000年版，第312页。

于经济增长。

三 技术创新促进经济增长

熊彼特曾经对技术创新如何促进经济增长的机理进行阐述。他认为，技术创新通过三个阶段的循环过程不断地对经济增长产生作用。第一阶段，生产领域出现技术创新，增加对生产资料和信用资本的需求，进而引起产出增长，经济上涨；第二阶段，技术创新开始扩散，越来越多的企业获得新型技术，同质领域赢利下降，对生产资料和信用资本的需求也相应减少，产出下降，经济收缩；第三阶段，企业家面临衰退的经济不得不展开新一轮的技术创新，进而促进下一轮的经济高涨和收缩，经济周期进入新一轮的循环。经济领域范围广阔，涉及的技术创新也多种多样，根据技术创新的确定性程度和风险高低，可将技术创新划分为两大类别。一是革命式技术创新，这类创新持续时间长，出现频率低，不确定性高，创新风险高，对经济增长的影响大，这类创新常以技术革命的形式出现；二是渐进式技术创新，这种技术创新持续的时间短，出现的频率高，不确定性低，创新风险低，当然对经济增长的影响也相对较小。革命式的技术创新往往会改变整个世界的经济增长趋势（见表2-1），而渐进式的技术创新通常只会在某一时期内影响某个国家或地区经济增长的态势。

表2-1　　　　　　　几种不同类型技术创新的性质

类型	不确定性	出现频率	创新风险	持续时间	对经济的影响
革命性技术创新	高	低	高	长	大
突破性技术创新	↓	↓	↓	↓	↓
根本性技术创新	↓	↓	↓	↓	↓
一般性技术创新	↓	↓	↓	↓	↓
渐进性技术创新	低	高	低	短	小

资料来源：范柏乃：《城市技术创新透视——区域技术创新研究的一个新视角》，机械工业出版社2003版。

阿罗突破了新古典经济增长理论的研究框架，从内生技术的视角研究技术创新对经济增长的作用机理。随后，以 Romer 和 Lucas 为代表的经济学家开创了内生增长理论研究的先河。到了 20 世纪 90 年代，内生增长理论开始从产品多样化模型和产品质量升级模型两个方面来探讨技术创新促进经济增长问题。这些代表性作品中，Romer，Grossman and Helpman，Aghion and Howitt 等人继承了熊彼特模型的思想，均以 R&D 为基础构建内生增长模型。

近年来，国外学界针对技术创新推动经济增长的机理研究出现了一些新的研究特点和趋势，研究领域更为广泛，视角也更加多元化。一些学者从政府颁布的技术创新政策入手，来研究不同的技术创新政策会对经济增长产生何种作用效果。例如，Deek 和 Kee 通过分析政府研究与开发支出、教育支出的动态经济效应，发现当政府研究与开发支出增加时，会显著提高经济运行中实务资本、知识和产出的稳定增长率[1]。Morales 拓展了基于"创造性毁灭"思想的模型框架，认为政府研发支出以及对企业研发进行的资助和补贴均应为内生化变量。Morales 发现，当政府对企业研发进行资助时，经济增长率会显著提高。而政府对提高企业研发的单位补贴支出，不仅没有对企业的研发投资产生挤出效应，还形成了一种促进基础研发与公共应用研发的汲水效应，从而在长期内有助于经济增长率的提升[2]。

国内学界主要从两个方面对区域技术创新促进经济增长问题展开研究。一是采用定性研究方法，探讨区域技术创新对经济增长的作用机理；二是利用实证分析方法来衡量区域技术创新在多大程度上推动经济增长。

---

[1] Deek, C. and H. L. Kee, "A model on knowledge and endogenous growth", *World Bank Policy Research Working Paper*, 2003, p. 3935.

[2] Morales M. F., "Research policy and endogenous growth", *Spanish Economic Review*, No. 6, 2004, p. 179.

在探讨区域技术创新对经济增长的作用机理方面，代表性文献有吴传清和刘方池、王瑾和陈英。吴传清、刘方池认为区域技术创新对地区经济发展极为重要，区域技术创新不仅对区域内的要素形态、经济增长方式、产业结构和经济空间结构的优化起到了促进作用，而且还促进了区域经济制度的创新①。王瑾认为区域经济增长的核心是区域内特色主导产业的增长，而区域技术创新决定了区域特色主导产业的增长过程。文章以区域经济是特色经济的独特视角，阐释技术创新对于区域主导产业、区域产业结构的决定性作用及对区域经济增长的影响②。陈英认为技术创新可分为两类：一是"过程创新"，主要用于提升生产效率；二是"产品创新"，主要用于改进产品品质。两种技术创新对经济增长的作用效果有所不同。"过程创新"的主要功效是提高生产率，增加单位时间内的产出量，是一种供给效应；"产品创新"主要目的是提供异质产品，满足新的需求，开拓新的市场，是一种需求效应"。③

在探讨区域技术创新对经济增长的作用实证研究方面，代表性文献是朱勇和张宗益、郭新力等。朱勇、张宗益利用数据研究方法，对我国八大经济区区域技术创新水平与经济增长的关系进行研究。发现我国经济发展水平较高的地区，技术创新能力对经济增长的贡献度也较高，而欠发达地区的技术创新水平及其对经济增长的贡献度均低于发达地区，由此造成二者经济差距越来越大④。郭新力采用2000—2003年经济统计数据，对我国区域技术创新能力与经济增长关系进行研究。发现我国区域技术创新能力对区域经济发展的贡献度较高。但是我国欠发达地区与发达地区的技术创新水平差距越来越大，且欠发达地区

---

① 吴传清、刘方池：《技术创新对区域经济发展的影响》，《科技进步与对策》2003年第4期。
② 王瑾：《技术创新促进区域经济增长的机理研究》，《经济纵横》2003年第11期。
③ 陈英：《技术创新与经济增长》，《南开经济研究》2004年第5期。
④ 朱勇、张宗益：《技术创新对经济增长影响的地区差异研究》，《中国软科学》2005年第11期。

技术创新对经济增长的贡献度小于发达地区①。

第二节 知识溢出在技术创新中的作用

现代经济增长理论的演进过程主要分为外生经济增长与内生经济增长。进入20世纪80年代中期，Romer和Lucas等经济学家相继提出了内生增长理论。此时，内生增长理论的主要特点是打破了新古典经济增长理论中涉及的技术外生假设，学者们认为一个国家或地区经济的增长取决于内生化的知识资本积累和专业化的人力资本水平，同时，将知识增长的核心因素定义为研发投入。

20世纪80年代以后，新经济理论和新经济地理理论逐渐关注到知识的外溢效应。新经济理论认为，经济增长的主要内在动力是知识的积累，同时，将知识作为内生变量纳入内生经济增长模型中，提出区域经济长期增长的源泉是知识溢出所形成的外部经济，并通过该理论解释报酬递减与长期性的经济持续增长的机制等问题。另外，新经济理论还将知识溢出效应的研究从企业转向了空间研究，认为知识溢出已经成为研究产业集群创新和区域经济增长的不可缺少的重要变量。

此外，通过对内生理论的研究，可以总结知识溢出主要包含四层含义：第一，行为主体所运用的知识与其活动成本和收益之间并没有直接联系，同时，也没有计入经济行为的外部影响；第二，知识溢出和知识运用而产生的效应无直接联系；第三，知识溢出常常不是故意引起的；第四，知识溢出在形式上主要可以分为水平式与竖直式知识溢出，另外，在类型上主要可以分为传播过程和使用过程的知识溢出，同时，可能带来积极的溢出效应，也可能带来消极的溢出效应。

---

① 郭新力：《技术创新能力与经济增长的区域性差异研究》，《科技进步与对策》2007年第3期。

一般而言，如果一个经济主体拥有的或生产的知识，能够有助于其他经济主体技术进步时，知识溢出的发生就会不可避免。所以，换言之，知识溢出其实是一种经济的外部性现象，知识的溢出者在知识溢出过程中将不会得到任何的补偿，而知识的获取者也无须付任何的费用。总之，在知识溢出的大环境下，每个经济主体的知识存量都将得到提高，因此，也促进了整体社会技术进步，使整个社会生产力水平得到提高。

一　知识溢出的内涵

英国经济学家 Marshall 的名著《经济学原理》中首次提到了溢出概念。虽然，在 19 世纪 Marshall 并没有明确提出知识溢出概念，但他发现知识溢出是产业地方化的三个原因之一。

Dougall 是迄今为止首次明确提出知识溢出概念的学者。他在研究东道国接受国外直接投资社会收益等问题时，指出知识溢出效应其实是 FDI 的一个重要现象。同时，认为外商投资企业在东道国从事经济活动，技术外溢现象主要原因是经济的外部性，这也有助于促进东道国本土企业生产力水平的增长[1]。

Arrow 最早解释了知识溢出效应的作用，主要是有助于经济增长。他认为知识的主要特征是可以理解为公共品，但是，企业通过研发活动所创造的知识很容易被其他没有研发活动的企业所获取，而此时，作为创新者的企业却无法得到任何形式的经济或其他形式的补偿，所以，他将这种情形定义为知识溢出。换言之，有些厂商可以通过投资创造的知识来提高自身生产效率，而其他厂商则可以通过模仿或者学习提高自身的生产效率。[2]

---

[1] Dougall G. D., "The Benefits and Costs of Private Investment from Abroad: A Theoretical Approach", *Economic Record*, No. 12, 1960, p. 13.

[2] Arrow, K. J., *Economic Welfare and the Allocation of Resources for Inventions*, NJ: Princeton University Press, 1962, p. 112.

第二章 理论基础

Geroski 认为知识、技术以及经验都是创新在生产者和使用者之间流动的外在物品。主要通过传递、学习和借鉴来传递价值,因此,这个过程也表现出知识溢出的必然性。[1]

Griliches 从创新溢出的视角分析,认为知识溢出是通过模仿其他类似的研究成果,同时能够从中获得额外收益的经济学现象。[2]

Kokko 将知识溢出定义为跨国企业拥有的知识未经过正式转让而被本地企业所获得的经济现象。也就是说,他认为知识溢出主要是跨国公司在东道国进行投资,从而引起东道国技术或生产力进步,但是,跨国公司却无法获取全部收益的现象。[3]

Jaffe 指出知识溢出是模仿者通过与知识创新者进行信息交换而得到收益,而知识创新者却没有得到应有的补偿,或者即使得到的补偿也远远低于创新知识价值的经济现象。[4]

梁琪指出知识溢出存在两种效应,分别是正效应与负效应,其中正效应是指通过获得其他人的知识,但是减少自己的学习成本,提高自身的能力和水平;负效应是指知识溢出的全部效应不能让生产者全部获得。侯汉平和王烷尘提出知识具有公共物品非排他性的典型特征,厂商在生产经营中很难独占与使用知识,如果其他厂商通过研发活动发现了新知识,新的知识也将立即扩散并带来全社会的技术进步,但是进行研发活动投资的厂商却无法获得由此产生的全部经济收益,这种经济学现象称之为知识溢出效应。[5]

---

[1] Geroski, "Entry, Innovation and Productivity Growth", *The Review of Economics and Statistics*, Vol. 71, No. 4, 1989, p. 572.

[2] Zvi Griliches, "The Search for R&D Spillovers", NBER Working Paper, No. 3768, 1992.

[3] Kokko Ari, *Foreign Direct Investment, Host Country Characteristics and Spillovers*, Stockholm: Stockholm School of Economics, 1992, p. 134.

[4] Jaffe A. B., "The Importance of Spillovers in the Policy Mission of The Advanced Technology Program", *Journal of Technology Transfer*, No. 2, 1998.

[5] 侯汉平、王烷尘:《R&D 知识溢出效应模型分析》,《系统工程理论与实践》2001 年第 9 期。

二 不同类别知识溢出对创新活动的影响

Jaffe等对专利引用地理空间分布情况做了专门的研究,经过研究发现,专利引用较其他方面,比较容易发生在本区域的内部,并且,知识溢出的存在促使创新活动空间集中。Audretsch和Feldman通过研究产业内知识溢出与创新活动空间集聚关系,发现创新活动集聚在生产活动集群内现象较多,主要原因是空间集聚可以形成地理邻近,这种邻近的形成不仅能降低创新活动不确定性风险,同时,还为企业的思想交流提供便利,特别是能够降低发现知识并将知识商业化的成本,从而促进集群创新网络的发展和创新产出的增长。①

基于知识溢出双方是否隶属于同一产业角度,将知识溢出划分为相同产业内的专业化溢出和不同产业之间的多样化溢出。Marshall、Arrow和Romer等提出专业化的产业结构对知识溢出的创造提供更加便利的条件,这种溢出也同时被称为MAR溢出;而Chinitz和Jacobs则认为差异化企业和经济主体之间的互补性知识交流,可以较大的促进知识溢出。因此,对于MAR溢出与Jacobs溢出在区域创新中作用大小的争论现在仍然存在,虽然学术界针对这个问题进行了大量研究,但是至今尚未达成共识。

Feldman和Audretsch通过对美国15个地区6大产业和700多个公司的调查发现,在产业和企业层面,真正促使创新产出的不是专业化溢出,而是多样化溢出。② Cainelli和Leoncini通过对意大利及其四大经济区域1961—1991年间16个产业部门的研究表明,专业化、多样化

---

① David B. Audretsch , Maryann P. , "Feldman R&D Spillovers and the Geography of Innovation and Production", *The American Economic Review*, Vol. 86, No. 3, 1996, p. 630.

② Maryann P Feldmana, David B Audretsch, "Innovation in Cities: Science-based Diversity, Specialization and Localized Competition", *European Economic Review*, Vol. 43, No. 2, 1999, p. 409.

和知识溢出有很强的空间依赖性，多样化的产业结构有利于产业内竞争与产业间竞争，从而使得创新系统中的小企业获得优势，并且可以从创新活动中获得较高的效益。① Cingano 和 Schivardi 通过相关研究，也得出了与其非常相似的结论。② 张昕和陈林重点研究了中国医药制造业，研究表明，多样化溢出对区域创新具有积极的影响③。刘斯敖和柴春来重点考察 1990—2008 年之间中国制造业的集聚、研发投入、知识溢出与创新活动，通过对各项内容的研究，表明制造业集聚与研发投入存在显著的知识空间溢出效应，有利于区域经济增长的主要原因是专业化集聚，但是专业化集聚有利于区域创新；而多样化的产业集聚不利于区域经济增长，但更有利于区域创新。④

Baptista 和 Swann 通过对英国 1975—1982 年之间 248 个制造业企业创新数据的研究，指出专业化溢出能够有效地促进创新活动，而多样化溢出对创新活动的促进作用相对于专业化溢出不是很显著。⑤ Gerben 对荷兰的地方化知识溢出进行了研究，认为地方化知识溢出对区域创新能力的提升具有十分积极的作用。⑥ Henderson 运用生产函数研究了美国机械产业和高技术产业的知识溢出情况，研究结果表明，相对于

---

① Giulio Cainelli, Riccardo Leoncini, "Externalities and Long-term Local Industrial Development: Some Empirical Evidence from Italy", *Revue déconomie Industrielle*, Vol. 90, No. 1, 1999, p. 25.

② Federico Cingano1, Fabiano Schivardi, "Identifying the Sources of Local Productivity Growth", *Journal of the European Economic Association*, Vol. 2, No. 4, 2004, p. 720.

③ 张昕、陈林：《产业聚集、知识溢出与区域创新绩效——以医药制造业为例的实证研究》，《科技管理研究》2011 年第 19 期。

④ 刘斯敖、柴春来：《知识溢出效应分析——基于制造业集聚与 R&D 投入的视角研究》，《中国科技论坛》2011 年第 7 期。

⑤ Rui Baptista, Peter Swann, "Do Firms in Clusters Innovate More?", *Research Policy*, Vol. 27, No. 5, 1998, p. 525.

⑥ Gerben van der Panne, "Agglomeration Externalities: Marshall versus Jacobs", *Journal of Evolutionary Economics*, Vol. 14, No. 5, 2004, p. 593.

多样化溢出,专业化溢出对创新的促进作用更加显著[1]。吴玉鸣主要针对中国省域研发、知识溢出与区域创新开展了空间的计量分析,研究结果表明,相比多样化溢出,专业化溢出对区域创新活动的影响是正向显著的,而多样化溢出是负向的。[2] 段会娟基于 2000—2007 年之间中国省级制造业的面板数据,运用 GMM 方法研究表明,产业集聚有利于区域创新,专业化的产业结构和竞争性的市场结构对知识溢出和创新存在显著影响。[3]

Pacia 和 Usai 通过 1990—1991 年,十年间意大利 192 个地区 85 个产业研究发现,专业化和多样化溢出对创新都具有正向显著促进效应。[4] 张玉明等重点研究了中国 31 个省区的创新活动,研究表明,高技术产业的多样化与专业化两个方面均对区域创新产出产生正向影响。[5] 邬滋将知识溢出的空间效应纳入空间计量经济模型进行分析,研究表明产业内知识溢出对两个阶段的创新绩效均存在正向的、积极的影响。[6] 彭向和蒋传海对中国 30 个地区 21 个工业行业的 1999—2007 年之间数据进行研究,认为多样化溢出与专业化外部性对中国地区产业创新产生正向影响,但是影响的程度不尽相同,相比对创新的推动作用,多样化溢出的作用大约是产出溢出的两倍。[7]

---

[1] Vernon Henderson,"Marshall's Scale Economies",*Journal of Urban Economics*,Vol. 53,No. 1,2003,p. 28.

[2] 吴玉鸣:《中国区域研发、知识溢出与创新的空间计量经济研究》,人民出版社 2007 年版,第 45 页。

[3] 段会娟:《集聚、知识溢出类型与区域创新效率——基于省级动态面板数据的 GMM 方法》,《科技进步与对策》2011 年第 19 期。

[4] Raffaele Paci,Stefano Usai,"Externalities,Knowledge Spillovers and the Spatial Distribution of Innovation",*Geo Journal*,Vol. 49,No. 4,1999,p. 381.

[5] 张玉明、聂艳华:《知识溢出对区域创新产出影响的实证分析》,《软科学》2009 年第 7 期。

[6] 邬滋:《集聚结构、知识溢出与区域创新绩效——基于空间计量的分析》,《山西财经大学学报》2010 年第 3 期。

[7] 彭向、蒋传海:《产业集聚、知识溢出与地区创新——基于中国工业行业的实证检验》,《经济学(季刊)》2011 年第 2 期。

通过对相关文献的梳理可以发现，关于专业化和多样化知识溢出对创新活动的影响还没有统一的结论，针对不同时间和不同样本所得出的研究结果各异。实际上，由于区域范围、发展阶段、产业类别、技术特点等因素各不相同，专业化和多样化知识溢出对创新的影响必然存在着差异。因此，在实际研究中，侧重点应该放在明确两种知识溢出对研究对象的影响上，以便为相关的决策提供依据。

三　不同区域层面知识溢出对区域创新的影响

Lim 运用空间计量运算方法，主要分析美国 1990—1999 年，十年间的专利数据，研究其区域知识溢出对创新活动空间的主要影响，研究结果表明，区域创新集度十分高，同时，沿海区域的创新活动也十分活跃，这同时也说明了创新活动的影响因素中知识溢出具有积极正向影响。[1] Bode 运用空间计量经济模型，对 20 世纪 90 年代德国区际知识溢出进行了重点分析，认为区际知识溢出对区域创新存在积极影响，但空间交易成本却限制了知识的溢出效果，而且通过知识溢出获益的地区仅限研发水平较低的区域[2]。Fritscha 和 Franke 运用生产函数，研究了德国三个区域的知识溢出与研发合作，重点分析其二者对创新行为的影响，通过研究表明，区域之间研发生产率存在显著差异，同时，在一定程度上能够被同一区域的研发主体研发行为的溢出所解释。[3] Peri 针对 1975—1996 年之间北美和欧洲 113 个区域的数据进行研究，认为技术流动从外部获得的研发溢出对创新活动有正向影响。苏方林运用空间滞后模型，分析了知识创新的局部溢出效应，认为某区域的

---

[1] Lim, "The Spatial Distribution of Innovative Activity in U. S. Metropolitan Areas: Evidence from Patent Data", *Journal of Regional Analysis and Policy*, Vol. 33, No. 2, 2003, p. 97.

[2] Eckhardt Bode, "The Spatial Pattern of Localized R&D Spillovers: An Empirical Investigation for Germany", *Journal of Economic Geography*, Vol. 4, No. 1, 2004, p. 43.

[3] Michael Fritscha, Grit Franke, "Innovation, Regional Knowledge Spillovers and R&D Cooperation", *Research Policy*, Vol. 33, No. 2, 2004, p. 245.

研发活动对周边区域知识创新的影响随着地区距离的增加而减弱。① 张玉鸣认为区域创新存在不同程度的空间自相关性，同时，空间局域性是知识溢出的重要特征，地理距离是影响知识溢出的关键因素。② 孙建和吴利萍研究认为区域创新活动对其相邻区域的创新活动存在十分显著的正向溢出效应③。陈傲等对2003—2007年之间中国三大城市群的研究表明，地理距离对知识溢出存在明显区域差异，同时空间衰减的影响也不稳健。④

四 知识溢出影响创新的空间效应

目前，许多学者认为空间距离是决定知识溢出同时影响区域创新的关键因素。主要原因是知识空间溢出局域性的特征，同时，对知识溢出的吸收效率影响的关键因素又是空间距离，知识溢出对创新的作用强度存在一定的范围。因此，随着空间距离的逐渐增大，知识溢出对区域创新的影响逐渐减弱。Bottazzi 和 Peri 对欧洲国家1977—1999年之间研发和专利数据的分析表明，某区域的知识溢出能够对周围300千米之内相关区域的创新活动产生积极的影响，例如，若本区域研发投入翻一番，那么该地区周围300千米范围内区域的创新产出会提高2%—3%，而本区域创新产出能够提高80%—90%。⑤ Moreno 等主要研究欧洲17个国家138个地区创新活动的空间分布，同时研究技术溢出在知识创新过程中所发挥的关键作用。通过相关分析，得出以下结

---

① 苏方林：《中国省域R&D溢出的空间模式研究》，《科学学研究》2006年第5期。
② 张玉明、聂艳华：《知识溢出对区域创新产出影响的实证分析》，《软科学》2009年第7期。
③ 孙建、吴利萍：《区域研发、知识溢出与中国经济增长——区域研发宏观效应评价》，《重庆工商大学学报：西部论坛》2010年第1期。
④ 陈傲、柳卸林、程鹏：《空间知识溢出影响因素的作用机制》，《科学学研究》2011年第6期。
⑤ Laura Bottazzia, Giovanni Peri, "Innovation and Spillovers in Regions: Evidence from European Patent Data", *European Economic Review*, Vol. 47, No. 4, 2003, p. 687.

论，欧洲地区的知识生产活动具有较强的正向空间自相关性，换言之，知识生产活动会受到1阶和2阶相邻地区创新活动所产生的知识溢出的影响，影响的距离在250—500千米左右。[1] Paci和Usai利用专利引用和被引用的具体情况来衡量知识的联系，主要研究了欧洲国家知识交流现状，研究表明，知识流动随着地理距离的减少而增加，相邻国家之间的知识流动频繁[2]。

---

[1] Rosina Moreno, Raffaele Paci, Stefano Usai, "Spatial Spillovers and Innovation Activity in European Regions", Working Paper, December 2003.

[2] Raffaele Paci, Stefano Usai, "Knowledge Flows Across European Regions", *The Annuals of Regional Science*, Vol. 43, No. 3, 2009, p. 669.

第三章 高、中低技术产业间创新驱动理论分析框架

第一节 创新驱动内涵

自国家提出并发布《国家创新驱动发展战略纲要》以来,创新驱动发展引发了学术界的研究热潮。现有研究主要围绕内涵、理论模型和评价体系三个方向展开。

关于创新驱动发展内涵的认识研究。现有研究普遍赞同,创新驱动发展最早由波特在《国家竞争优势》中提出。在波特经济发展阶段思想基础上,学者们从不同角度拓展了对创新驱动发展的新认识。一是从经济发展动力转换的角度。该类研究沿用了波特的基本思想,认为我国经济发展由粗放型增长向集约型增长的转变,就是从传统生产要素驱动经济增长方式转到由科技创新驱动经济增长方式的发展动力转换。二是从创新模式转变的角度。该类研究以创新发展理论为基础,从创新模式向自主创新转变的角度界定创新驱动发展的内涵。三是从创新与经济协同发展的角度。该类研究以熊彼特创新思想和内生经济增长理论为依据,将创新理论与经济增长理论进行了适当融合,突出

了科技创新的经济适应性与协调性。

关于创新驱动发展的理论建构研究。基于对创新驱动发展概念内涵的不同认知，学者们从内在机制、影响因素和驱动效应三个方面提出了不同的创新驱动发展理论。一是创新驱动发展的内在机制理论。该类研究的目的在于将创新驱动发展的内在要素之间的相互作用过程抽象化和模型化，相关研究沿着基础理论差异和研究对象差异两条脉络发展。其中，基于理论基础差异的研究侧重将经典理论引入创新驱动发展理论建构过程中，而基于研究对象差异的研究侧重国家、区域和企业等层面的创新驱动发展理论建构；二是创新驱动发展的影响因素理论。该类研究是对创新驱动发展内在机制理论的拓展，旨在从外部环境中寻找影响创新驱动发展的影响因素。相关研究主要从政府、制度和社会等方面构建创新驱动发展的影响因素理论。三是创新驱动发展的驱动效应理论。该类研究进一步拓展了创新驱动发展的理论体系，侧重研究创新驱动发展对经济协调、产业升级、高质量发展等的驱动效应。

关于创新驱动发展的测度研究。在创新驱动发展理论的定性研究基础上，学者们进而关注经济体创新驱动发展的定量分析，旨在判断经济体是否实现了创新驱动发展及其创新驱动发展水平到底如何。现有研究主要分为直接测度和间接测度两个方向。直接测度的思路是针对测度对象设计相应的测度工具，多采用指标评价体系的方法进行测度，而间接测度并不直接测度经济体的创新驱动发展水平，而是通过对创新驱动效应的测度进行间接判断。

总结现有研究，大致认为创新驱动实际上是指推动经济增长的动力和引擎，从主要依靠技术的学习和模仿，转向主要依靠自主设计、研发和发明，以及知识的生产和创造。[①] 创新驱动的增长方式不只是解

---

① 刘志彪：《从后发到先发：关于实施创新驱动战略的理论思考》，《产业经济研究》2011 年第 4 期。

决效率问题，更为重要的是依靠知识资本、人力资本和激励创新制度等无形要素实现要素的新组合，是科学技术成果在生产和商业上的应用和扩散。① 张来武将创新驱动的主要特征归纳为三个方面：以人为本、先发优势和企业家驱动。② 此外，创新驱动还表现出了较强的稳健性和抗周期性，主要体现在减弱了周期性对经济增长的强烈冲击，创新活动不会因为经济危机而停止或倒退，高新技术具有抵御危机的旺盛功能，淘汰技术落后产业的同时催生新兴产业，新兴产业受到的冲击比传统产业更少，创新能创造新的需求并开拓消费空间。③ 通过对创新驱动文献的梳理，我们发现现有研究大多停留在对创新驱动发展内涵的界定与特征描述，缺乏对创新驱动内在机理和影响因素之间关系的理论分析，对创新驱动效果的定量分析几乎没有。

在现有研究基础上，本书认为高技术产业创新驱动中低技术产业增长的本质是高技术产业创新成果向中低技术产业扩散和转化，进而带动中低技术产业全要素生产率提升和资源配置优化的过程。提升高技术产业创新驱动效果的关键在于创新扩散的程度以及中低技术产业转化高技术产业创新的吸收学习能力。在知识经济时代，高技术产业向中低技术产业创新扩散的核心内容就是产业间的知识溢出。而关于知识溢出在产业间的发生机制以及知识溢出与经济增长关系的文献，国内外学者研究成果较多。Romer 首次将知识纳入了内生增长模型，并认为技术知识的非竞争性和部分排他性特征促使了知识溢出效应的发生，而知识溢出的本质在于知识的社会回报率明显高于私人回报率。④ 高技术产业向中低技术产业知识溢出的过程是技术和知识属

---

① 洪银兴：《论创新驱动经济发展战略》，《经济学家》2013 年第 1 期。
② 张来武：《论创新驱动发展》，《中国软科学》2013 年第 1 期。
③ 夏天：《创新驱动经济发展的显著特征及其最新启示》，《中国软科学》2009 年第 2 期。
④ Romer P., "Endogenous Technological Change", *Journal of Political Economy*, Vol. 98, No. 5, 1990, p. 71.

第三章 高、中低技术产业间创新驱动理论分析框架

性差异显著的两类主体之间通过直接或间接的方式交流显性和隐性知识的过程。这种知识交流效果很大程度上取决于创新活动与地理分布的关系。部分研究认为创新和集聚是知识溢出驱动效应得以发挥的中间变量,并从空间层面对知识溢出的发生机制及对区域经济增长和收入的影响进行了讨论。内生增长理论将经济增长的源泉归结为要素投入和知识积累,这类研究以研发活动为对象,使用专利和新产品发布数量来表示有关创新数据,依据劳动力的数量和空间分布特征、研发费用等变量来反映知识溢出、创新与区域经济增长之间的关系。

此外,针对高技术与中低技术产业间创新的研究还有,Lluís Santamaría 对除了正式研发外的中低技术产业创新资源利用问题进行了探究,他认为诸如顾问咨询、人员雇佣以及合作外部研发等外部资源都是创新过程的关键要素,而这些因素在中低技术与高技术产业中有着很大的不同。[1] Sandro Mendonca 的研究计算了中低技术产业部门中高技术知识含量,认为非高技术公司会以一种特殊的方式改变他们的专利投资组合。[2] Johan Hauknes 考查了法国、德国、挪威、瑞士以及美国这五个国家中具有不同技术强度产业间直接与间接的知识流动情况,中高及中低产业是生产、技术扩散及应用乃至经济增长的主要力量。[3] Martin Heidenreich 认为中低技术产业所占比例较多的地区其 GDP 往往都较低。若一个区域以专业化的技术集约服务、较高的人员雇佣比率及人才质量为特征,则该区域较其他区域而言具有较大的经济发

---

[1] Lluís Santamaría, "Beyond Formal R&D: Taking Advantage of Other Sources of Innovationin Low-and Medium-technology Industries", *Research Policy*, No. 38, 2009, p. 507.

[2] Sandro Mendonca, "Brave Old World: Accounting for High-tech Knowledge in Low-tech Industries", *Research Policy*, No. 38, 2009, p. 470.

[3] Johan Hauknes, "Embodied Knowledge and Sectoral Linkages: An Input-output Approach to the Interaction of High-and Low-tech Industries", *Research Policy*, No. 38, 2009, p. 459.

展潜力。① Yingyi Tsai 构建了不确定情况下厂商资本投资决策对产品创新的三阶段模型，探讨了新兴经济体应当努力发展的战略性产业。② Christoph Grimpe 将欧洲 13 个城市的 4500 家企业作为样本，研究得出中低技术部门的知识搜寻模式较倾向于市场知识，这与高技术产业的技术导入行为存在明显不同。③

因此，从产业的技术属性看，本书认为创新驱动发展是指不同产业技术水平逐渐收敛于较高技术水平的过程，特别是中低技术产业部门技术水平向高技术产业部门趋近的过程。这一过程可以称为高技术产业创新驱动中低技术产业增长的过程，其本质是高技术产业创新向中低技术产业转移和扩散，带动中低技术产业资源配置优化和全要素生产率提升的过程。根据新经济增长理论，经济增长的主要源泉是要素投入、知识积累，其中，知识积累与知识流动和知识扩散密不可分。不同产业间的技术密集度差异，即高中低技术产业间的技术差异，影响着产业间知识流动和扩散，中高及中低产业是生产、技术扩散及应用乃至经济增长的主要力量。在这个意义上，高技术产业创新驱动中低技术产业经济增长可归纳为"创新驱动创新"，即依托技术密集度较高的高技术产业创新，驱动技术密集度较低的中低技术产业开展增量式创新、渐进式创新，逐渐提高中低技术产业自主创新能力和协同创新能力，加快经济增长速度和改善经济增长质量。

---

① Martin Heidenreich, "Innovation Patterns and Location of European Low-and Medium-technology Industries", *Research Policy*, No. 38, 2009, p. 483.

② Yingyi Tsai, "Innovative R&D and Optimal Investment under Uncertainty in High-tech Industries: An Implication for Emerging Economies", *Research Policy*, No. 38, 2009, p. 1388.

③ Christoph Grimpe, "Search patterns and absorptive capacity: Low-and high-technology sectors in European countries", *Research Policy*, No. 38, 2009, p. 495.

第二节 产业创新属性与核心因素

一 产业创新属性

高技术产业创新之所以能够驱动中低技术产业经济增长，是与创新的如下四种属性分不开的。

创新影响的不对等性。不同产业在知识技术密集度、创新资源占有量以及经济结构渗透率等方面的差异，使得异质性产业的创新拥有不对等的影响力。在这种不对等影响力的体系结构中，高技术产业创新处于强势位置，具有引领、升级、改造、锁定或抑制中低技术产业的主动性，使得中低技术产业处于弱势位置，其创新往往表现出跟随、学习、模仿、突破或脱离等被动性特征。

创新成果的可流动性。无论是否存在严格的知识产权保护制度，创新成果都能够以有形或无形的形式在不同创新主体和组织间相互流动。在这种知识流动过程中，占优的高技术产业创新能够强化其影响力，但是人员流动、生产技术联系等也使得处于劣势位置的中低技术产业有机会超越自身基础和条件，而实现"跨越式"增长。

创新植入的破坏性。当外部强势创新植入弱势创新系统时，弱势创新系统内部的创新主体、过程、组织、结构和行为等将发生系统性变化，与同等地位的创新植入所引起的变化相比，强势创新植入的破坏性更大。在产业间生产与交换循环过程中，高技术产业创新将植入并破坏中低技术产业创新系统，使之动态调整，以顺应高技术产业创新过程和发展过程。

创新系统的适应性。创新系统受外部因素冲击后，在自我动态调整过程中，会形成一种新的平衡：内部系统的平衡以及内部系统与外部系统的平衡。在这种平衡中，高技术产业创新驱动中低技术产业经济增长，就体现为中低技术产业创新系统适应能力的改善和提升。这种适应性的发生，在高、中低技术产业创新之间形成正向反馈效应，使得经济增长过程的创新特性更加突出。

二 核心因素

高技术产业创新驱动中低技术产业经济增长的核心因素——知识溢出。创新的四种属性影响着高、中低技术产业创新系统的转换与升级，在产业间创新系统转换过程中，这种影响机制集中表现为产业间知识转移、植入和交互作用的知识溢出过程。高技术产业创新向中低技术产业知识溢出的过程，是技术和知识属性差异显著的两类主体之间通过直接或间接的方式交流显性和隐性知识的过程。这种与创新驱动发展相关的知识溢出主要表现为三个方面。一是增加中低技术产业知识存量。中低技术产业的知识生产或知识创造能力通常难以满足其自身升级发展需要，需要吸收外部高层次知识来提升、优化其知识结构。在高技术产业创新向中低技术产业的知识溢出过程中，离不开中低技术产业的R&D投入等内部创新资源的支持，也需要在中低技术产业部门的内部创新资源与顾问咨询、人员雇佣以及合作外部研发等外部资源之间实现协同。正是在协同过程中，实现了中低技术产业知识存量的增长。二是降低产业间知识技术势差。知识技术势差会直接影响知识技术引进主体的吸收、学习和模仿能力，但较大的知识技术势差对溢出效应的发挥有抑制作用。在现实中，由于政府的高技术产业偏好，可能加大这种知识势差，也可能导致中低技术产业发展资源更加稀缺，制约中低技术产业的升级，但溢出效应可能平衡产业间的知识势差，弥补中低技术产业知识创造能力的不足。三是促进产业增长趋同。高技术产业创新的溢出效应直接提高了中低技术产业的创新能力，间接促进了中低技术产业内的交互式知识溢出，使得创新收益递增，带动经济增长趋同。知识溢出效应的存在，为高技术产业创新驱动中低技术产业经济增长创造了条件，但是，中低技术产业实现经济增长也需通过研发投资、干中学等形式，提高自身学习能力、吸收能力和积累能力（见图 3-1）。

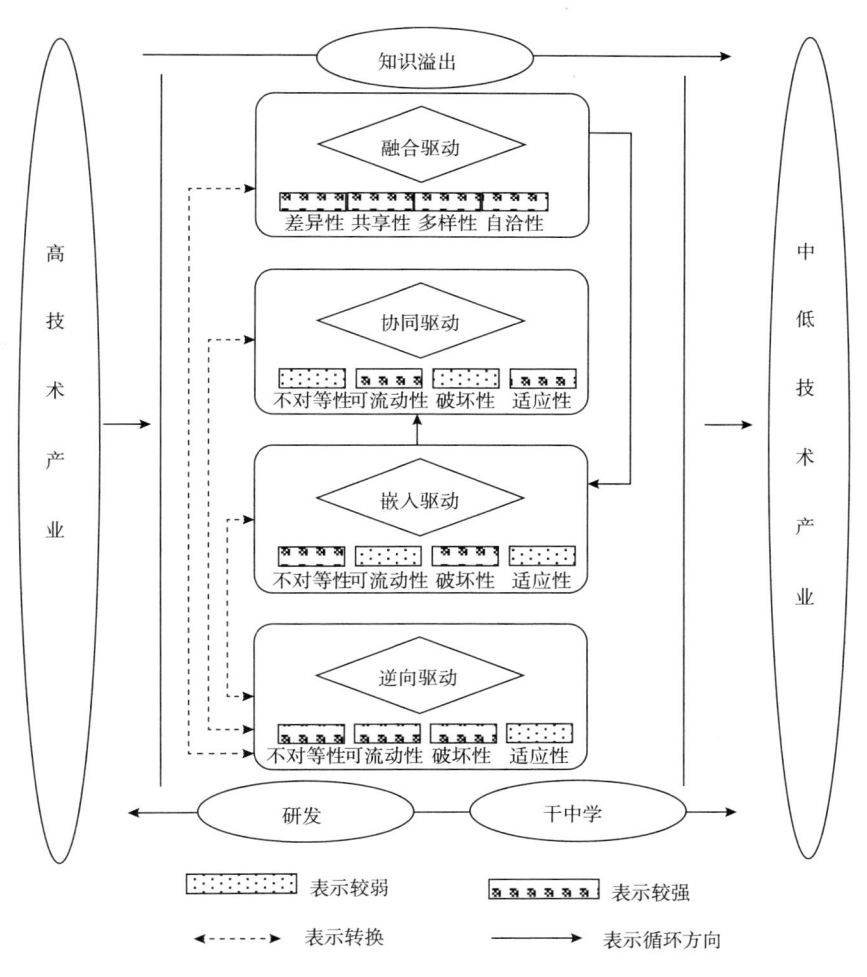

图 3-1 高技术产业创新驱动中低技术产业经济增长的机理

第三节　产业间创新驱动内在机制

结合创新的四种属性变化,可将高技术产业创新驱动中低技术产业增长的过程分为四个阶段:嵌入驱动、协同驱动、融合驱动和逆向驱动。在理论上,由于创新属性、市场条件和制度环境等内外部条件的变化,上述四个阶段具有时间的连续性和空间上的并存性:既可以顺次递进、相互转换,也可以共生演化(图3-1)。

一　嵌入驱动

嵌入驱动是中低技术产业创新系统的主体、结构、组织或制度等要素,部分嵌入高技术产业创新系统并与后者交互作用,影响产业间创新行为的过程。嵌入驱动机制发生的动力来源于高、中低技术产业间的知识势差。在高技术产业创新系统与中低技术产业创新系统相对独立封闭、网络边界清晰的条件下,产业间知识势差的存在,为创新能力弱、创新需求大的中低技术产业提供了弥合与高技术产业技术差距的机会和潜力。当嵌入驱动机制发挥作用时,产业间的创新属性表现出不对等性较大、可流动性较低、植入破坏性较强和系统适应性较差等阶段性特征。创新属性的变化和创新的产业间流动,借助于关系性嵌入和结构性嵌入两种基本方式,诱发了中低技术产业创新系统逐渐向高技术产业创新系统接近、局部进入、大范围进入,甚至全部进入(此时将进入协同驱动阶段)。关系性嵌入通过异质性产业个体间的信任、信息共享和创新参与程度的提高,变革了中低技术产业与高技术产业间的弱联结关系,使得产业间创新的互动频率和产业关联性显著提高,中低技术产业的创新方向、能力和绩效也随之与高技术产业保持着较高的一致性和相似性。结构性嵌入是指在与高技术产业创新系统的交互式学习与创新中，中低技术产业系统内行为主体的"结构洞"增多，关键结点逐渐向信息和资源优势更明显的位置移动，不断获得更多关系优势和控制优势的过程。嵌入驱动机制的存在缩短和平衡了产业间的知识差距，加速了产业间创新系统一体化程度。在该阶段，高技术产业创新对中低技术产业的经济增长的驱动效应最显著，中低技术产业创新能力快速提升，且中低技术产业知识技术水平快速向高技术产业靠拢，产业间具有"收敛式"互动发展态势。

二 协同驱动

协同驱动是高技术产业创新植入破坏促使中低技术产业创新系统适应性提高，促进产业间的主体、结构、组织或制度等要素以价值链为纽带，形成垂直或纵向协同创新关系网络的过程。随着高技术产业创新在中低技术产业中的转移、扩散与大规模应用，产业间知识差距缩小，使得中低技术产业技术能力得到积累，并逐渐形成一定的技术基础和创新支撑结构，这为中低技术产业干中学与研发能力的聚集和集成创造了条件。随着中低技术产业创新能力的形成和加强，产业创新网络和生产网络的异质性逐渐模糊而出现同质化趋势，进入高、中低技术产业共生、协同发展阶段。与嵌入驱动相比，协同驱动过程中的创新属性表现为不对等性较小、可流动性较高、植入破坏性较弱和系统适应性较好等特点。然而，能否进入一种良性的协同驱动过程，取决于中低技术产业能否摆脱对高技术产业创新的路径依赖。受制于高技术产业创新系统的积极信号，中低技术产业可以沿着既定的创新方向跟踪和复制高技术产业的创新路径，并因为知识搜寻和知识筛选成本的降低而实现低成本——高效率创新，这种趋势在最初阶段表现得尤为突出。与此同时，中低技术产业没有持续的学习和适度的研发投入，以及进一步夯实的创新支撑结构，将锁定于高技术产业的创新路线之中，模仿式创新的边际效率将下降甚至为零。在该阶段，由于中低技术产业创新系统柔性或灵活性的下降，高技术产业创新对中低技术产业经济增长的驱动效果会小于嵌入驱动阶段。随着知识流动的滞后性和中低技术产业的创新惰性（搭便车行为），产业间的知识势差有可能增大，产业间具有"发散式"发展态势。

三 融合驱动

融合驱动是在高、中低技术产业创新系统边界模糊、创新网络一体化的基础上，创新驱动从产业间转化为产业内的过程。随着高、中低技术产业间创新网络协同程度的提高，异质性产业间的创新系统边界趋于模糊，不同网络内外部创新要素由局部聚集向全面分散转变。相对于嵌入驱动和协同驱动阶段，融合驱动的产业创新网络外部因素的作用逐渐内向化。该阶段创新要素的主要特征为：创新不对等性由产业间影响的不对等性内部化为功能的差异性，可流动性从外部流动性转变为内部共享性，植入破坏性转变为内部突变多样性，系统适应性转变为内部自洽性。融合驱动是高技术产业对中低技术产业创新驱动的高级阶段。在融合驱动过程中，中低技术产业创新系统的主体、结构、组织或制度等要素完成"高技术化"，也可以将这一过程视为高技术产业系统的"去高技术化"。产业间发展具有"并行式"或"锁定式"发展态势。

四 逆向驱动

逆向驱动是在中低技术产业创新系统嵌入高技术产业创新系统过程中，由于不兼容现象的出现，导致高技术产业挤占中低技术产业创新资源，制约中低技术产业经济增长的过程。逆向驱动形成的原因在于产业间创新不对等性和植入破坏性大，而创新系统的适应性太差。

逆向驱动主要表现为创新基础较差的中低技术产业盲目追求高技术化，所引起的创新网络"失灵"和创新资源浪费，或者表现为政府主导的高技术战略造成的产业间创新资源分配不协调等。逆向驱动不仅对高、中低技术产业间协调发展产生显著的消极影响，而且会拉低整个经济体的经济增长速度，进一步加大了产业间的知识势差，产业间表现为"挤出式"发展态势。

第四节 高技术—中低技术两部门理论模型

我们考虑一个包含高技术产业部门和中低技术产业部门的封闭经济体，经济体系中的两类部门都同时进行产品生产和研发（包含产品创新和技术改进）。生产过程投入物质资本、专用于生产的人力资本和产业技术存量；知识创新一方面来源于生产工人利用物资资本进行生产的无意识发现——"干中学"，另一方面来源于有意识的产业 R&D。两个部门都按一定的比例分配人力资本和物质资本进行生产和研发。在经济的初始点，高技术产业部门拥有较高的知识存量，用于研发的人力资本在高技术部门中的占比高于中低技术部门，知识由高技术部门向中低技术部门单方向溢出。高技术和中低技术产业部门分别生产高技术产品和中低技术产品，两部门所有的生产工人和研发人员构成了整个经济体的消费者。

高技术—中低技术两部门模型的生产函数都采用柯布—道格拉斯生产函数的表达形式：

$$Y_i(t) = K_i(t)^\alpha \cdot [A_i(t) \cdot H_{ip}(t)]^{1-\alpha} \quad (i = h, l) \quad (3.1)$$

其中，h 代表高技术部门，l 代表中低技术部门，$H_{ip}(t)$ 代表 i 部门 t 时投入生产的人力资本。在整个封闭经济体中，我们用 $Y(t)$ 来代表 t 时的产出，$K(t)$ 物质资本，$H(t)$ 为人力资本，$A(t)$ 为技术或知识水平。

整个经济体由高技术和中低技术两个部门构成，所以可知：$Y(t) = Y_h(t) + Y_l(t)$；$K(t) = K_h(t) + K_l(t)$；$A(t) = A_h(t) + A_l(t)$；$H(t) = H_h(t) + H_l(t)$。

本模型设定人力资本 $H(t) = L(t)G(E)$，$L(t)$ 为经济体中工人（生产工人和研发工人）总数，设定 $L(t) = L_h(t) + L_l(t) = aL(t) + (1-a)L(t)$，$a$ 代表高技术部门工人占总就业人口的比例，为不变常数；$L_h(t) = L_{hp}(t) + L_{hr}(t) = b_h L(t) + (1-b_h)L(t)$，$b_h$ 代表高技术部门中参与研发的人数占高技术部门就业的比例，b_h 为固定常数；$L_l(t) = L_{lp}(t) + L_{lr}(t) = b_l L(t) + (1-b_l)L(t)$，$b_l$ 为中低技术部门参与研发的人数占中低技术部门就业的比例，为固定常数。

$G(\cdot)$ 是工人的人力资本函数，E 接受的平均教育量，并设定为外生固定。我们用 $E_{hr} > E_{lr} > E_{hp} > E_{lp}$ 来表示四类工人分别接受的平均教育量及其大小关系。所以可知：$H_{hr}(t) = L_{hr}(t) \cdot G(E_{hr})$；$H_{hp}(t) = L_{hp}(t) \cdot G(E_{hp})$；$H_{lr}(t) = L_{lr}(t) \cdot G(E_{lr})$；$H_{lp}(t) = L_{lp}(t) \cdot G(E_{lp})$。

一 高技术部门

高技术部门使用实物资本、人力资本和技术作为投入品，规模报酬不变的生产函数为：

$$Y_h(t) = K_h(t)^\alpha \cdot [A_h(t) \cdot H_{hp}(t)]^{1-\alpha} \quad (3.2)$$

其中 $Y_h(t)$ 为 t 时高技术部门生产产品的产量，α 为产出弹性（$0 < \alpha < 1$），$K_h(t)$ 为投入到高技术部门生产中的实物资本；$A_h(t)$ 为高技术部门的知识或技术存量；$H_{hp}(t)$ 代表投入到高技术部门生产中的人力资本。

高技术部门新知识生产来源于"干中学"和 R&D 研发。其中，"干中学"是高技术部门生产工人在利用实物资本进行生产时发现或创造的新知识；R&D 研发是高技术部门有目的、分阶段的知识创新活动，是高技术部门研发人员整合高技术知识存量进行新知识创造或知识新组合的过程。高技术部门新知识生产函数表示如下：

$$\dot{A}_h(t) = [H_{hp}(t) \cdot K_h(t)]^\phi \cdot [H_{hr}(t) \cdot A_h(t)]^\theta \quad (3.3)$$

其中，$\dot{A}_h(t)$ 为高技术部门 t 时生产的新知识，$A_h(t)$ 为高技术部门的知识或技术存量；$H_{hr}(t)$ 为高技术部门投入 R&D 活动中的人力资本，ϕ 为"干中学"对高技术部门新知识生产的贡献系数，ϕ 越大，"干中学"对新知识生产贡献越大，由于在生产过程中，"干中学"往往是产品生产的"副产品"，并且随着生产数量的增加，"干中学"对新知识贡献也会发生变化，所以，我们认为 $\phi > 0$；θ 为 R&D 研发对高技术部门新知识生产的贡献系数，高技术部门如果不对研发进行投入，那么 $\theta = 0$，所以可知，$\theta \geq 0$。高技术部门知识生产函数规模报酬取决于 $\phi + \theta$ 与 1 的比较。

二 中低技术部门

中低技术部门采用与高技术部门相同的生产函数：

$$Y_l(t) = K_l(t)^\alpha \cdot [A_l(t) \cdot H_{lp}(t)]^{1-\alpha} \quad (3.4)$$

$Y_l(t)$、$K_l(t)$、$A_l(t)$ 分别代表中低技术部门的产出、物质资本和知识存量，$H_{lp}(t)$ 为中低技术部门投入生产上的人力资本。

中低技术部门新知识生产包含三个方面，一是"干中学"；二是 R&D 研发；三是高技术部门对中低技术部门的知识溢出。其中，前两个来源与高技术部门在新知识生产中起的作用相同，高技术部门对中低技术部门知识溢出的效应与高技术部门的知识存量和中低技术部门对知识的获取和吸收能力有关。中低技术部门的生产函数为：

$$\dot{A}_l(t) = [H_{lp}(t) \cdot K_l(t)]^\phi \cdot [H_{lr}(t) \cdot A_l(t)]^\theta \cdot A_h(t)^\psi \quad (3.5)$$

其中，$\dot{A}_l(t)$、$H_{lr}(t)$ 分别为中低技术部门的新知识生产和中低技术部门投入研发的人力资本，ψ 为高技术部门对中低技术部门知识溢出系数，ψ 越大，说明高技术部门的知识存量对中低技术部门新知识的生产贡献越大，也就是高技术部门对中低技术部门知识溢出效应越明显。知识溢出效应大小取决于两个三个方面，一是高技术部门和中低技术部门知识存量的差距，即知识空间的大小。两部门知识差距越大，说明高技术部门向中低技术部门溢出潜力越大；二是中低技术部门对高技术部门知识的学习能力。中低技术部门学习能力越强，高技术部门对中低技术部门知识溢出效应越大；三是知识传递的自由程度。即使两部门知识溢出潜力大，并且中低技术部门学习能力很强，也不代表两部门知识溢出效应大，严格的知识产权保护、地理空间距离大和关系强度弱等因素降低了知识传递的自由度，限制知识溢出效应的发挥。中低技术部门知识生产规模报酬取决于 $\phi + \theta + \psi$ 与 1 的大小。

三 消费者

本书模型中消费者由两部门所有的生产工人和研发人员组成，并假设消费者具有相同的偏好，代表性消费者的瞬时效应函数为：

$$U = \int_{t=0}^{\infty} e^{-rt} \frac{c(t)^{1-\lambda}}{1-\lambda} dt \qquad (3.6)$$

$C(t)$ 代表典型消费者的瞬时消费，典型消费者追求无限期消费效应最大化，$r > 0$ 为消费者主观偏好率。消费者的收入来自两部门四类工作的工资和经济初始点个人拥有的资产时间收益，消费者最优化问题同 Ramsey 相同，容易得出：$\frac{\dot{c}(t)}{c(t)} = \frac{R-r}{\lambda}$，我们假设 $r = R$。

第五节 模型动态分析与驱动效应

根据两部门模型的设定，我们分析封闭经济体在完全竞争市场结构下的增长和均衡问题。总就业 $L(t)$ 就是经济体的总人口，在充分就业情况下，劳动力市场以固定的速度 n 增长，即 $\dot{L}(t) = nL(t)$。

一 高技术部门动态学

1. A 和 K 的累积动态学

根据内生增长理论的分析过程，我们结合对人力资本的假定，可将式（3.2）和式（3.3）改写为：

高技术产品生产函数：

$$Y_h(t) = [(1-b_h) \cdot G(E_{hp})]^{1-\alpha} \cdot K_h(t)^\alpha \cdot [A_h(t) \cdot L_h(t)]^{1-\alpha} \tag{3.7}$$

高技术知识生产函数：

$$\dot{A}_h(t) = [(1-b_h)G(E_{hp})]^\phi \cdot [b_h G(E_{hr})]^\theta \cdot K_h(t)^\phi \cdot L_h(t)^{\phi+\theta} \cdot A_h(t)^\theta \tag{3.8}$$

将式（3.8）的两边同除以 $A_h(t)$，可得 A_h 的增长率为：

$$g_{A_h}(t) = [(1-b_h)G(E_{hp})]^\phi \cdot [b_h G(E_{hr})]^\theta \cdot K_h(t)^\phi \cdot L_h(t)^{\phi+\theta} \cdot A_h(t)^{\theta-1} \tag{3.9}$$

对式（3.9）两边取对数并求时间的微分，可得：

$$\frac{\dot{g}_{A_h}(t)}{g_{A_h}(t)} = \phi g_{k_h}(t) + (\theta-1)g_{A_h}(t) + n(\phi+\theta) \tag{3.10}$$

式（3.10）中 $g_{A_h}(t)$ 和 $g_{k_h}(t)$ 的变动情况容易得出一条斜率为 $(1-\theta)/\phi$，截距为 $-n(\phi+\theta)/\phi$ 的直线。正如前文所提到的，高技术部门知识生产的规模报酬取决于 $\phi+\theta$ 与 1 的比较，下面的分析主要关注 $\phi+\theta < 1$ 的情形，也就是高技术部门知识生产规模报酬递减[①]。

[①] 高技术部门知识生产规模递减的假定符合高技术创新的一般实践，随着技术复杂程度的增加和创新本身的不确定性，等量研发投入并不一定有等量的知识产出，尤其高技术部门进行的创新往往更具有前沿性和更多困难，投入也更多。

下面考虑高技术部门物质资本 $K_h(t)$ 积累情况，物质资本积累来源于部门投资，与索罗模型一样，我们将储蓄率 s 看作外生且固定，可得：

$$\dot{K}_h(t) = s[(1-b_h) \cdot G(E_{hp})]^{1-\alpha} \cdot K_h(t)^\alpha \cdot [A_h(t) \cdot L_h(t)]^{1-\alpha} \tag{3.11}$$

将（3.11）两边同时除以 $K_h(t)$，可得 $g_{K_h}(t)$：

$$g_{K_h}(t) = s[(1-b_h) \cdot G(E_{hp})]^{1-\alpha} \cdot K_h(t)^{\alpha-1} \cdot [A_h(t) \cdot L_h(t)]^{1-\alpha} \tag{3.12}$$

对式（3.12）两边取对数并求时间的微分，可得：

$$\frac{\dot{g}_{K_h}(t)}{g_{K_h}(t)} = (1-\alpha)[g_{A_h}(t) + n - g_{K_h}(t)] \tag{3.13}$$

在 $\phi + \theta < 1$ 的情形下，容易得出 $\dot{g}_{A_h} = 0$ 与 $\dot{g}_{K_h} = 0$ 的轨迹有相交点，并且，不管 g_{A_h} 和 g_{K_h} 的初始点在哪，终将收敛于相交点。在该点上，高技术部门物质资本积累和知识积累增长速度达到稳态。将稳态点的 $g_{K_h}^*$ 和 $g_{A_h}^*$ 代入式（3.10）和式（3.13），可得：

$$g_{A_h}^* = \frac{2\phi + \theta}{1 - \phi - \theta} \cdot n \tag{3.14}$$

$$g_{K_h}^* = \frac{1 + \phi}{1 - \phi - \theta} \cdot n \tag{3.15}$$

2. 高技术部门平衡增长路径

在高技术部门知识生产规模报酬递减的情形下，高技术部门知识生产和物质资本积累分别以不变的速度 $\frac{2\phi + \theta}{1 - \phi - \theta} \cdot n$ 和 $\frac{1 + \phi}{1 - \phi - \theta} \cdot n$ 增长。由于高技术部门产品生产具有规模报酬不变的性质，所以高技术部门的产出增长率为 $\alpha g_{K_h}^* + (1-\alpha)(g_{A_h}^* + n) = g_{K_h}^*$，高技术部门工人平均产出的增长率为 $g_{Y_h}^* - n = g_{A_h}^*$。

通过式（3.14）可以看出，高技术部门知识创新（生产）平衡增

长的速度与 ϕ、θ 和 n 有关，而与高技术部门内的就业结构和工人受的平均教育量无关。当 n 不变时，随着高技术部门"干中学"能力和 R&D 研发能力的提升（$\phi + \theta$ 变大），稳态下的 $g_{A_h}^*$ 随之变大，即高技术部门创新能力的提升能够驱动高技术部门稳态下的产出增长率。当然，本书模型中的知识创新是以确定性的形式构建的，现实的知识创新往往是不确定性的，并且 ϕ 和 θ 的变化与高技术部门参与生产和研发的人员天赋、教育程度和组织制度都有密切的关系，即知识创新出现的概率 $P = P(H_{hp}, H_{hr}, \chi)$，$\chi$ 代表影响知识创新的制度、环境以及文化等综合变量。所以，本书只是从知识创新结果的确定性去解释高技术部门的增长问题。

因此，我们得出：在知识创新结果确定性情形下，如果高技术部门"干中学"系数 ϕ 和 R&D 研发系数 θ 之和小 1，那么，高技术部门产出增长率和知识创新增长率向稳态点收敛，其中，$g_{Y_h}^* = n \cdot (2\phi + \theta)/(1 - \phi - \theta)$，$g_{A_h}^* = n \cdot (1 + \theta)/(1 - \phi - \theta)$。并且，随着高技术部门创新能力的提升，高技术部门产出平衡增长率变大，即高技术创新能力提升对高技术部门具有驱动效应。

二　中低技术部门

1. A 和 K 的动态分析

同高技术部门一样，我们可以把式（3.4）和式（3.5）改写为：
中低技术部门产品生产函数：

$$Y_l(t) = [(1 - b_l)G(E_{lp})]^{1-\alpha} \cdot K_l(t)^{\alpha} \cdot [A_l(t) \cdot L_l(t)]^{1-\alpha} \quad (3.16)$$

中低技术部门知识生产函数：

$$\dot{A}_l(t) = [(1 - b_l)G(E_{lp})]^{\phi} \cdot [b_l G(E_{lr})]^{\theta} \cdot K_l(t)^{\phi} \cdot L_l(t)^{\phi+\theta} \cdot A_l(t)^{\theta} \cdot A_h(t)^{\psi} \quad (3.17)$$

与高技术部门分析同理，我们可得 $g_{A_l}(t)$ 和 $g_{K_l}(t)$ 如下：

$$g_{A_l}(t) = [(1-b_l)G(E_{lp})]^\phi \cdot [b_l G(E_{lr})]^\theta \cdot \\ K_l(t)^\phi \cdot L_l(t)^{\phi+\theta} \cdot A_l(t)^{\theta-1} \cdot A_h(t)^\psi \quad (3.18)$$

$$g_{K_l}(t) = s[(1-b_l)G(E_{lp})]^{1-\alpha} \cdot K_l(t)^{\alpha-1} \cdot [A_l(t) \cdot L_l(t)]^{1-\alpha} \quad (3.19)$$

对式（3.18）和（3.19）分别取对数并求时间的微分可得：

$$\frac{\dot{g}_{A_l}(t)}{g_{A_l}(t)} = \phi g_{k_l}(t) + (\theta-1)g_{A_l}(t) + n(\phi+\theta) + \psi g_{A_h}(t) \quad (3.20)$$

$$\frac{\dot{g}_{K_l}(t)}{g_{K_l}(t)} = (1-\alpha)[g_{A_l}(t) + n - g_{K_l}(t)] \quad (3.21)$$

同高技术部门相同，我们考虑 $\phi+\theta<1$ 的情形。在 $\phi+\theta<1$ 的情形下，中低技术部门知识生产规模报酬具有不确定性。若 $\psi=0$，即高技术部门对中低技术部门没有知识溢出，那么中低技术部门知识生产函数就与高技术部门知识生产函数趋同，高技术和中低技术部门具有同样递减的规模报酬；若 $0<\psi<1-\phi-\theta$，即高技术部门对中低技术部门有少量的知识溢出。虽然 $\psi>0$，但 $\psi+\theta+\phi<1$，中低技术部门知识生产依然规模报酬递减，只是与高技术部门相比，中低技术部门递减程度弱于高技术部门；若 $\psi=1-\theta-\phi$，即高技术对中低技术的知识溢出刚好使得中低技术部门知识生产规模报酬不变；若 $\psi>1-\theta-\phi$，即高技术部门对中低技术部门的知识溢出对中低技术知识生产贡献很大，使得中低技术部门知识生产规模报酬递增。

当 $\phi+\theta<1$ 时，通过我们前面的分析可知高技术部门经济增长收敛于平衡增长路径，即式（3.14）。因此，我们将式（3.14）代入式（3.20），并考虑改写的式（3.20）和（3.21），容易得知 $g_{A_l}(t)$ 和 $g_{K_l}(t)$ 的变化轨迹有相交点，即存在稳态。因此可得：

$$g_{A_l}^* = \frac{n(2\phi+\theta)}{1-\phi-\theta} \cdot \left(1+\frac{\psi}{1-\phi-\theta}\right) \quad (3.22)$$

$$g_{K_l}^* = n\left[\frac{(1-\phi-\theta)(1+\phi)+\psi(2\theta+\phi)}{(1-\phi-\theta)^2}\right] \quad (3.23)$$

2. 中低技术部门平衡增长路径

在 $\phi+\theta<1$ 的情形下，中低技术部门经济增长向平衡增长路径收敛。一旦中低技术部门经济增长速度收敛到平衡增长路径，中低技术部门知识生产以 $g_{A_l}^*$ 的速度增长，物质资本以 $g_{K_l}^*$ 的速度增长。由于 $g_{K_l}^* = g_{A_l}^* + n$，所以中低技术部门产出增长率收敛于 $g_{K_l}^*$。

分析式（3.22）可知，$g_{A_l}^*$ 的变化与 ϕ、θ 和 ψ 有关。由于 $\phi+\theta<1$，当 $n\neq 0$ 时，$g_{A_l}^*>0$。我们分析 ϕ、θ 和 ψ 的变化对 $g_{A_l}^*$ 的影响，由于 ψ 代表高技术对中低技术知识溢出的程度，那么 $\psi=0$ 就意味着中低技术部门与高技术部门的平衡增长路径要么重合，要么平行。路径重合意味着高技术与中低技术部门在平衡增长的某个时刻完成了产业融合，整个经济体完成一体化，高中低技术部门间的界限不存在，在产业融合点，两部门知识存量差距为零；路径平行代表高技术部门和中低技术部门知识存量的差距保持固定值，存在一条中低技术部门永远无法跨越的"知识鸿沟"，我们将在下文对路径平行进行分析。当 $\psi>0$，且 $\phi+\theta=D<1$（D 为大于0的常数）时，我们发现，若 $\Delta\phi+\Delta\theta=0$，那么 ϕ 与 θ 的变化对 $g_{A_l}^*$ 变化的影响是不同的，具体情况有三种：$\psi=1-\theta-\phi$（中低技术部门知识生产规模报酬不变），那么 ϕ 与 θ 的变化对 $g_{A_l}^*$ 变化有相同的作用；$\psi<1-\phi-\theta$（规模报酬递减），那么 ϕ 的变化对 $g_{A_l}^*$ 的影响比 θ 的变化对 $g_{A_l}^*$ 的影响大，即在中低技术部门知识生产规模报酬递减情况下，"干中学"能力的提升对中低技术部门平衡增长路径上的知识生产增长率提高影响力更大；$\psi>1-\phi-\theta$（规模报酬递增），那么 ϕ 的变化对 $g_{A_l}^*$ 的影响比 θ 的变化对 $g_{A_l}^*$ 的影响小，即在中低技术部门知识生产规模报酬递增情况下，R&D 研发能力的提升对中低技术部门平衡增长路径上的知识生产增长率提高影响力更大。当然，在 ϕ 和 θ 不变时，ψ 越大，$g_{A_l}^*$ 越大，即高技术部门对中低技术部门知识溢出越大，对中低技术部门经济增长作用越大。

中低技术部门就业结构和平均教育程度的对中低技术部门的影响与高技术相同，但是，中低技术部门知识创新的不确定性和成功率因知识复杂程度与高技术部门的不同而有所区别。

因此，在知识创新结果确定性情形下，如果 $\phi + \theta < 1$，那么中低技术部门经济增长向平衡增长路径收敛，其中，$g_{Y_l}^* = n\left[\dfrac{(1-\phi-\theta)(1+\phi)+\psi(2\theta+\phi)}{(1-\phi-\theta)^2}\right]$，$g_{A_l}^* = \dfrac{n(2\phi+\theta)}{1-\phi-\theta}\cdot\left(1+\dfrac{\psi}{1-\phi-\theta}\right)$。在平衡增长路径上，$\phi$ 和 θ 的变化能够对 $g_{A_l}^*$ 和 $g_{Y_l}^*$ 产生影响，若中低技术部门知识生产规模报酬不变，ϕ 和 θ 的变化对 $g_{A_l}^*$ 和 $g_{Y_l}^*$ 无影响；若规模报酬递减，则 ϕ 的作用比 θ 大；若规模报酬递增，则 θ 的作用比 ϕ 大。在 ψ 不变的情况下，中低技术部门知识创新能力的提升对中低技术部门经济增长有驱动效应。

三　经济总体动态分析

由上述高技术和中低技术部门的分析可知，不管是否存在知识溢出，两部门经济增长在长期都能达到稳态增长。那么，在高技术和中低技术部门分别处于平衡增长时，整个经济体的增长率如何？我们从 $K(t)$ 展开分析。

1. K 的动态分析

由 $K(t) = K_h(t) + K_l(t)$，可知 $\dot{K}(t) = \dot{K}_h(t) + \dot{K}_l(t) = g_{K_h}^* K_h(t) + g_{K_l}^* K_l(t)$，所以有：

$$g_K(t) = \dfrac{g_{K_h}^* K_h(t) + g_{K_l}^* K_l(t)}{K_h(t) + K_l(t)} \tag{3.24}$$

我们假设高技术部门和中低技术部门的经济初始点就分别位于各

自的平衡增长路径，两部门在初始点有不同的初始物质资本存量 $K_h(0)$ 和 $K_l(0)$。可得：

$$K_h(t) = K_h(0) \cdot e^{g_{K_h}^* t} \tag{3.25}$$

$$K_l(t) = K_l(0) \cdot e^{g_{K_l}^* t} \tag{3.26}$$

将式（3.25）和式（3.26）代入式（3.24），可得：

$$g_K(t) = g_{K_l}^* \left\{ 1 - \frac{1 - (g_{K_h}^*/g_{K_l}^*)}{1 + [K_l(0)/K_h(0)] \cdot e^{(g_{K_l}^* - g_{K_h}^*) \cdot t}} \right\} \tag{3.27}$$

考虑式（3.15）和式（3.23）可知：

当 $\psi = 0$ 时，$g_{K_h}^* = g_{K_l}^*$，所以可得 $g_K^* = g_{K_h}^* = g_{K_l}^*$；当 $\psi > 0$ 时，有 $g_{K_l}^* \geq g_{K_h}^*$，所以容易推出 $\lim_{t \to \infty} g_K(t) = g_{K_l}^*$，即 $g_K^* = g_{K_l}^*$。因此，不论 ψ 是否为 0，经济总体的物质资本积累增长率最终将收敛于 $g_K^* = g_{K_l}^*$。

同理，有 $Y(t) = Y_h(t) + Y_l(t)$ 和 $A(t) = A_h(t) + A_l(t)$，我们可以推出 $g_Y^* = g_{Y_l}^*$，$g_A^* = g_{A_l}^*$。

2. 经济体平衡增长路径

上述分析可知，两部门构成的封闭经济体经济增长在长期向平衡增长路径收敛，在平衡增长路径有 $g_Y^* = g_{K_l}^*$，$g_A^* = g_{A_l}^*$，即经济总体的平衡增长路径与中低技术部门平衡增长路径重合。由此可知，影响中低技术部门平衡增长的 ϕ、θ 和 ψ，对经济总体平衡增长有相似的作用。不同的是，高技术部门对中低技术部门知识溢出 ψ 的增加，直接提升了中低技术部门的平衡增长率，而经济总体增长率向中低技术部门平衡路径的收敛是受到 ψ 的间接影响。

因此，当高技术部门和中低技术部门的经济分别以 $g_{Y_h}^*$ 和 $g_{Y_l}^*$ 的速度增长时，经济总体的增长速度向中低技术部门平衡增长路径收敛，有 $g_Y^* = g_{Y_l}^*$。高技术部门对中低技术部门知识溢出 ψ 直接影响中低技术部门 $g_{Y_l}^*$，间接影响经济总体 g_Y^*。两部门的知识创新对经济总体都有驱动效应。

四 高技术部门创新驱动效应

在我们这个两部门模型中,我们不仅关心高技术部门和中低技术部门各自经济增长情况,既然是一个经济整体,我们更加关注高技术部门创新对中低技术部门和整体经济增长的驱动效应。

(一) 高技术部门创新对中低技术部门的驱动效应

高技术部门知识创新驱动中低技术部门经济增长的关键因素主要有三个:一是高技术部门以平衡增长速度增长时,t 时的知识存量;二是高技术部门对中低技术部门知识溢出的自由程度,或者称为高技术部门知识溢出对中低技术部门知识生产的贡献系数 ψ;三是中低技术部门对高技术溢出知识的学习吸收能力。

通过上述的分析,在高技术以平衡增长速度增长时,由式(3.9)和式(3.14)可得:

$$A_h(t) = \left[\frac{1-\phi-\theta}{n(2\phi+\theta)}\right]^{\frac{1}{1-\theta}} \cdot [(1-b_h)G(E_{hp})]^{\frac{\phi}{1-\theta}} \cdot \\ [b_h G(E_{hr})]^{\frac{\theta}{1-\theta}} \cdot K_h(t)^{\frac{\phi}{1-\theta}} \cdot L_h(t)^{\frac{\phi+\theta}{1-\theta}} \quad (3.28)$$

由于我们将 b_h、E_{hp} 和 E_{hr} 设定为外生的,所以在高技术部门就业结构和教育程度不变时,高技术知识存量的增长是有迹可循的。正如前面所得,高技术部门的增长与就业机构和教育程度无关。但是,从式(3.28)我们可以发现,外生的 E_{hp} 和 E_{hr} 越大,$A_h(t)$ 也越大。并且,当高技术部门 R&D 研发能力强过"干中学"能力时,更高的研发人员比例 b_h 和更大的 E_{hr} 对 $A_h(t)$ 影响更大。假如 E_{hr} 的变化受到外界的冲击,例如,战争或经济动乱,使得相对稳定的政治环境对高科技人才的吸引短时间大幅提升,在不影响就业结构的情况下,$A_h(t)$ 的轨迹会向上跳跃,拓宽了整个经济体的知识空间。

如图 3 − 2 所示,E_{hr} 在 t_1 时刻发生改变,假设 E_{hr} 变大并且瞬间完成，那么在 E_{hr} 改变的前一刻知识积累为 $A_h(t_1^-)$，即图 1 的 B 点，改变瞬间知识积累为 $A_h(t_1^+)$，即 C 点。我们可以发现，$A_h(t)$ 在 t_1 时刻发生了向上的"跳跃"。"跳跃"前后 $g_{A_h}^*$ 不变，但拓宽了整个知识空间。

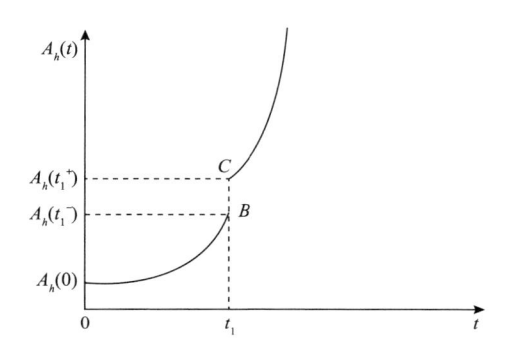

图 3-2 E_{hr} 的变化对高技术部门知识积累的影响

同上述分析同理，我们由式（3.18）和式（3.22）可得式（3.29）如下：

$$A_l(t) = \left[\frac{(1-\phi-\theta)^2}{n(2\phi+\theta)(1+\psi-\phi-\theta)}\right]^{\frac{1}{1-\theta}} \cdot \left[(1-b_l)G(E_{lp})\right]^{\frac{\phi}{1-\theta}} \cdot$$

$$\left[b_l G(E_{lr})\right]^{\frac{\theta}{1-\theta}} \cdot K_l(t)^{\frac{\phi}{1-\theta}} \cdot L_l(t)^{\frac{\phi+\theta}{1-\theta}} \cdot A_h(t)^{\frac{\psi}{1-\theta}} \quad (3.29)$$

考虑式（3.29）可以发现，$\psi = 0$ 时，$A_h(t)$ 和 $A_l(t)$ 要么重合，要么平行。

$A_h(t)$ 和 $A_l(t)$ 重合。如图 3-3 所示：

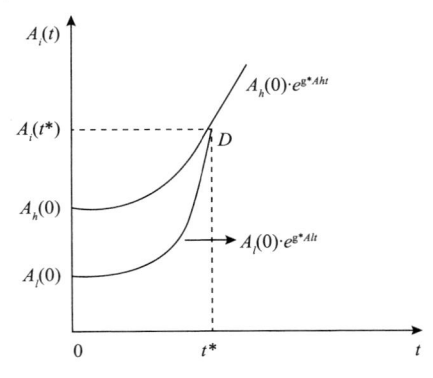

图 3-3 中低技术部门向高技术部门产业融合

正如图 3-3 所示，在经济初始点，高技术部门和中低技术部门分别有 $A_h(0)$ 和 $A_l(0)$ 的知识存量，由于我们假定经济初始点的两部门同时达到平衡增长路径，所以，由上述 $g_{A_h}^* = \frac{2\phi + \theta}{1 - \phi - \theta} \cdot n$ 和 $g_{A_l}^* = \frac{n(2\phi + \theta)}{1 - \phi - \theta} \cdot \left(1 + \frac{\psi}{1 - \phi - \theta}\right)$ 可知，$g_{A_l}^* \geqslant g_{A_h}^*$，即中低技术部门知识积累的速度不小于高技术部门知识积累的速度。我们从图 3-3 可以发现，在 D 点之前，中低技术部门知识积累的速度高于高技术部门，图上的表现就是中低技术部门知识积累曲线向高技术部门知识积累曲线靠拢，在这个阶段，存在 $\psi > 0$，即高技术部门的知识溢出是中低技术部门向高技术部门靠拢的动力。在 D 点，两部门知识存量相等，中低技术部门完成了对高技术部门知识积累的追赶，在其他条件不变的情况下，两部门完成产业融合，同时，高技术部门不再有向中低技术部门进行知识溢出的潜力。在 D 点之后，$\psi = 0$，$A_h(t)$ 和 $A_l(t)$ 重合，即两个部门成为一个部门，整个经济体以 $g_{A_h}^*$ 的速度平衡增长。

另外，在 D 点之前，我们容易算出从经济初始点到产业融合点所需的时间：

$$t^* = \frac{(1 - \phi - \theta)^2}{n\psi(2\phi + \theta)} \cdot [\ln A_l(0) - \ln A_h(0)] \qquad (3.30)$$

因此，我们可以得知，中低技术部门向高技术部门融合所需的时间与 ϕ、θ、ψ、n 和经济初始点的高、中低技术部门知识存量有关。在其他条件不变的情况下，两部门的知识差距越大，融合所需时间越长；人口增长速度和知识溢出效率越大，融合所需时间越小。

$A_h(t)$ 和 $A_l(t)$ 平行。如图 3-4 所示：

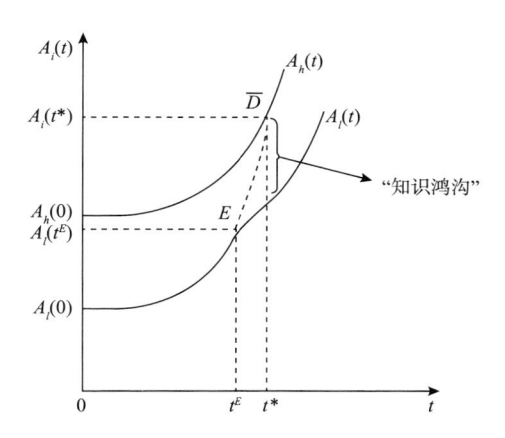

图 3-4　中低技术部门与高技术部门平行发展

与图 3-3 中的情形相似，在经济初始点，中低技术部门以高于高技术部门的速度快速增长，高出的速度是由高技术部门知识创新溢出驱动的。如果中低技术部门按照 $\psi > 0$ 的趋势增长，那么在 t^* 时刻，中低技术部门与高技术部门融合，如图 3 中的 $\bar{D}$ 点，在 $\bar{D}$ 点，$\psi = 0$。

上述分析是在知识溢出自由程度不受抑制的极端情况下进行的，在现实的经济发展过程中，影响高技术部门向中低技术部门知识溢出的因素很多，其中有代表性的就是知识产权保护。关于知识产权保护对创新的影响有诸多结论，但是知识产权保护力度与知识溢出的自由程度成反向关系是一般事实。因此，在中低技术部门向高技术部门融合的过程中，知识产权保护力度改变，有可能严重抑制了知识溢出自由程度，再加上地理、市场等其他因素的影响，ψ 过早地降为 0，如图 3-4 上的 E 点。在 E 点，中低技术部门尚未完成与高技术部门的产业融合，但外力的干预使得中低技术部门在 t^E 时刻就停止了追赶，并在随后以 $g_{A_h}^*$ 的速度与高技术部门保持平行的增长。从而形成了一条"知识鸿沟"，使得中低技术部门"锁定"在低端发展。另外，中低技术部门对知识的学习和吸收能力主要通过影响中低技术知识生产的 ϕ 和 θ，进而影响知识溢出的效果，加快或减慢中低技术部门向高技术部门融合的步伐。

因此，E_{hr} 的变化对高技术部门知识存量积累有"跳跃"效应；过早地将知识溢出自由程度降为零，容易形成部门间的"知识鸿沟"，使得中低技术部门无法向高技术部门融合。

2. 高技术部门创新对整个经济体的驱动效应

通过对整体经济的分析可知，当 $t \to \infty$ 时，整个经济体的平衡增长路径与中低技术平衡增长路径重合。在短期，$g_Y(t)$ 与 $g_{Y_h}^*$ 和 $g_{Y_l}^*$ 的关系如图 3-5 所示：

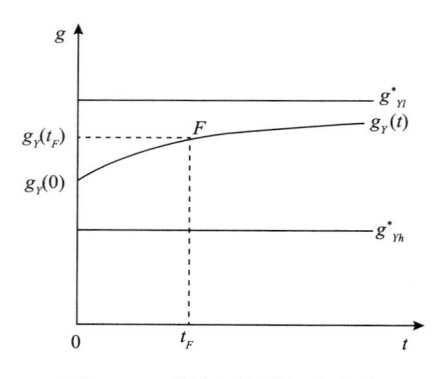

图 3-5 整体经济增长率变化

由式（3.27）和图 3-5 可知，在一定时期内，$g_Y(t)$ 随时间 t 的变化而逐渐增大，并向 $g_{Y_l}^*$ 收敛。因而，在整体经济未达到平衡增长之前，有 $g_{Y_h}^* \leqslant g_Y(t) \leqslant g_{Y_l}^*$。那么，我们可以知道在 t_F 时刻，整体经济增长速度为 $g_Y(t_F)$，即图 3-5 中的 F 点。

第六节 本章小结

在创新驱动战略实施的背景下，本书就"创新驱动"本身展开了相关研究，本章以中国高技术产业创新驱动中低技术产业经济增长为切入点和研究对象，通过文献梳理，提出了高技术产业创新驱动中低技术产业经济增长的本质,即高技术产业创新驱动中低技术产业经济增长就是高技术产业创新成果向中低技术产业扩散和转化,进而带动中低技术产业全要素生产率提升和资源配置优化的过程。提升高技术产业创新驱动效果的关键在于创新扩散的程度以及中低技术产业转化高技术产业创新的吸收学习能力。

在高技术产业创新驱动本质基础上,本章进一步分析了高技术产业创新驱动中低技术产业经济增长的内在机理和过程,从产业间创新影响的不对等性、创新成果的可流动性、创新植入的破坏性和创新系统的适应性四种属性的变化,可将创新驱动过程划分为嵌入、协同、融合和逆向四个不同阶段。进而,本章将创新驱动机理抽象成为数理模型,构建了高技术—中低技术两部门模型,本书构建的高技术产业创新驱动中低技术产业经济增长模型既是 Romer, Arrow, Grossman and Helpman 和 Aghion and Howitt 等研究的延续,又突破了现有研究的局限,主要体现在:已有的研究只是笼统地将知识创新或技术进步作为推动经济增长的关键因素,本书构建的两部门模型纳入了创新特点具有显著区别的高、中低两类技术部门,考虑了经济体内部不同产业结构、人力资本结构和创新来源的问题。一是,构建了涉及两个部门的生产函数和知识生产函数,并着重突出了高技术产业知识创新溢出对中低技术产业知识生产的贡献,而这个过程恰恰正是创新驱动的本质要求。二是,丰富了知识生产函数的构成要素。现有知识生产研究笼统地以物质资本、人力资本、知识资本等为投入要素,缺乏对知识生产的行为分类分析,而本书正是基于知识生产的有意识(R&D 研发)、无意识(干中学)和外部搜寻(知识溢出)三种行为建立的中低技术产业知识生产函数,这种构建方式为创新驱动指数的构建奠定了基础。

高技术产业创新驱动中低技术产业经济增长模型分析表明:两个部门都存在平衡增长路径,并且低技术部门平衡增长速度高于高技术部门；随着高技术部门创新驱动效应的发挥，高、中低技术产业间朝着"融合"或"锁定"的方向演进，其中，高技术产业对中低技术产业知识溢出是影响产业演进方向的关键因素，但演进过程受中低技术产业的 R&D 能力和干中学的调节作用影响。

第四章 创新驱动效应测度：基于产业间驱动模型的构建

第一节 创新驱动效应测度模型构建

一 高技术创新驱动中低技术产业经济增长指数

上述理论分析表明，中低技术产业部门稳态时的人均产出速度与知识创新速率相同。为了更好地反映高技术部门知识创新对中低技术部门经济增长的驱动作用，可以用两部门平衡增长率的比值，构造高技术部门知识创新对中低技术部门经济增长的驱动指数（简称为 HDLI，下同）：

$$HDLI = \frac{g_{Y_l}^*}{g_{A_h}^*} = \frac{g_{A_l}^*}{g_{A_h}^*} = 1 + \frac{\psi}{1 - \phi - \theta} \qquad (4.1)$$

其中，$g_{Y_l}^*$ 表示稳态时中低技术产业部门每位工人平均产出速率。

HDLI 反映了高技术产业创新驱动中低技术产业经济增长的程度，即 HDLI 越高，表明高技术产业创新对中低技术产业经济增长的贡献越大。同时，该指数还可以间接反映出高技术产业与中低技术产业间知识技术差距（知识势差）的变动趋势，进而反映产业间创新驱动过程以及两个产业发展模式变化（表4-1）。HDLI>1，表示嵌入驱动，驱动效应较强，即高技术产业创新每增长1%，带动中低技术产业经济增长的速度超过1%，中低技术产业将向高技术产业方向发展——产业间知识技术差距呈现收敛式发展态势；HDLI=1表示融合驱动，驱动效应为1，即高技术产业创新的增长幅度与其带动中低技术产业经济增长的幅度相等，在该效应下，存在平行式和锁定式两种产业互动发展模式，平行式发展表现为两部门间知识技术势差消失，中低技术产业沿着高技术产业发展路径成长，知识无障碍流动，而锁定式发展更多地体现了高低技术产业间的"知识鸿沟"；0<HDLI<1，表示协同驱动，驱动效应较小，即高技术产业创新驱动中低技术产业经济增长的幅度小于高技术产业创新的增长幅度，两个产业间的知识技术势差不断拉大，呈现发散式发展态势；HDLI<0，表示逆向驱动，驱动效应为负，即高技术产业创新增长不仅没有带动中低技术产业经济增长，反而可能抑制后者增长，也就是高技术产业创新将使中低技术产业增长的资源变得更为稀缺，缩小后者成长规模，表现为"挤出式"发展特点。

表4-1 高技术产业创新驱动中低技术产业增长指数（HDLI）分类

创新驱动指数	驱动类型	驱动效果	产业互动发展特征
HDLI>1	嵌入驱动	强	收敛式
HDLI=1	融合驱动	单位	平行式或锁定式
0<HDLI<1	协同驱动	弱	发散式
HDLI<0	逆向驱动	负	挤出式

资料来源：作者制作。

二 高技术创新驱动整个经济增长指数

同理，我们构造一个高技术部门创新对整体经济增长的瞬时驱动指数为：

第四章　创新驱动效应测度：基于产业间驱动模型的构建

$$\text{HDYI} = \frac{g_Y(t)}{g_{A_h}^*} = \left(1 + \frac{\psi}{1-\phi-\theta}\right) \cdot \left\{1 - \frac{1-(g_{Y_h}^*/g_{Y_l}^*)}{1+[Y_l(0)/Y_h(0)] \cdot e^{(g_{Y_l}^*-g_{Y_h}^*) \cdot t}}\right\}$$

(4.2)

由式（4.2）可知，在两部门的平衡增长路径上，随着时间 t 的增加，高技术部门创新对整体经济增长的瞬时驱动指数变大，即高技术部门创新对整体经济的驱动作用越来越强。在 $t \to \infty$ 时，$\lim_{t \to \infty}\text{HDYI} = \left(1 + \frac{\psi}{1-\phi-\theta}\right) = \text{HDLI}$，即当整个经济体到达平衡增长路径时，高技术部门创新对整体经济体和中低技术部门经济增长的驱动效果趋同。

因此，高技术部门知识创新对整个经济体经济增长的瞬时驱动指数为 HDYI，随着时间 t 的增加，驱动指数变大。当 $t \to \infty$ 时，高技术部门创新对整个经济体经济增长的驱动作用与对中低技术部门的驱动作用相同，影响中低技术部门驱动效应的因素对整个经济体同样适用。

第二节　模型假设实证检验

根据上文的理论分析，本书构建的计量模型需要验证干中学、研发和高技术产业知识溢出是中低技术产业知识生产三要素的假设是否成立，如果检验结果显著，那么在结果基础上测算出 HDLI。

一　计量模型构建和变量说明

在中低技术部门知识生产函数（3.5）中，知识生产的投入要素主要有三类：干中学、研发和高技术部门的知识溢出，由此可以建立一个基于中国省际数据的 Panel Data 模型：

$$\ln YAL_{it} = a + \phi \ln LBD_{it} + \theta \ln LRD_{it} + \psi \ln HKS_{it} + u_{it} \quad (4.3)$$

其中，YAL 代表中低技术部门知识创新量，LBD、LRD 和 HKS 分别代表干中学、中低技术研发和高技术部门知识溢出，ϕ、θ 与 ψ 的含义不变。

(1) 中低技术部门知识产出（YAL）。在知识生产的相关研究中，专利申请量和新产品销售收入占产品销售收入的比重是衡量知识产出的常用指标。由于专利数据的连续性、一定程度的可比性，许多研究均使用专利指标来衡量创新的产出水平。本书采用中低技术部门专利申请量来衡量知识产出。

(2) 干中学（LBD）。干中学的常见估计方法是直接估计产品的单位生产成本与累计产出的幂律函数，但该种方法需要准确的企业成本和产量数据。借鉴 Bahk 和 Gort、陈艳莹等的方法，本书用 LBD_{it} 表示地区中低技术产业经验积累的累计产出，知识积累产出为初期产量累积值经验转化量与当期产量之和，经验转化率可取为 85%。由于工人可以从新产品生产中积累干中学能力，且只有不断地引入新产品，才能使工人干中学能力持续地增加。因此，本书采用中低技术产业新产品产值来衡量产量和累积产量，进而用累积产量来衡量干中学效应的指标。

(3) 中低技术部门研发（LRD）。产业研发的过程是研发人员对产业知识存量学习、创造的过程，R&D 经费能够较好地反映产业研发投入程度。

(4) 高技术部门知识溢出（HKS）。借鉴衡量产业间溢出效应的一般做法（即产业获得的技术溢出是其他产业 R&D 投入的加权和），本书将中低技术产业获得的知识溢出定义为高技术产业知识存量投入的加权和，即：

$$HKS_j = \sum_{i \neq j} w_{ij} HK_i$$

其中，HKS_j 表示中低技术产业 j 获得的高技术产业知识溢出，HK_i 表示高技术产业 i 的知识存量，权重 w_{ij} 用来测度高技术产业 i 的知识存量有多大比例溢出到中低技术产业 j 中的程度。

第四章 创新驱动效应测度：基于产业间驱动模型的构建

首先，权重的确定参考潘文卿等的方法，即通过产业相似度来确定权重，产业间相似度为产业直接消耗系数结构向量的角余弦，具体计算为：

$$w_{ij} = \frac{\sum_k a_{ki} a_{kj}}{\sqrt{\sum_k a_{ki}^2 \cdot \sum_k a_{kj}^2}}$$

其中，a_{ki}、a_{kj}分别表示中低技术产业j与高技术产业i直接消耗系数结构列向量的第k个位置的元素，如果中低技术产业j与高技术产业i之间的相似度很高，w_{ij}会接近1。数据来自中国每5年公布一次的投入产出表，本书根据1997、2002、2007三年的投入产出表的直接消耗系数矩阵，计算出中国各省（市）的高技术产业与中低技术产业的产业相似度w_{ij}。为了得到1995—2012年的权重数据，我们用简单加权平均法对其他年份进行了估算。

其次，高技术产业知识存量（HK）的衡量可采用Porter and Stern、严成樑等和Pessoa的研究方法，本书采用高技术产业专利申请数量作为衡量知识存量的指标。可以通过永续盘存法来估算高技术产业知识存量：

$$HK_t = (1-\tau)HK_{t-1} + P_{t-1}$$

其中，HK_t表示第t年的知识存量，τ为知识折旧率，现有知识折旧率的研究多采用5%、10%或15%[28]，本文设定的折旧率为15%。基年的知识存量为$HK_1 = P_1/(g+\tau)$，其中HK_1为基年知识存量，P_1为基年专利申请量，g为高技术专利申请量年均增长率。

最后，本书将权重与各省（市）的高技术产业知识存量（HK）相乘，得到中国各省（市）的高技术产业知识溢出量（HKS）。

本书数据来源于1995—2013年《中国统计年鉴》和《中国科技统计年鉴》，包括30个省、自治区和直辖市（西藏除外）的相关数据。其中，中低技术部门专利申请量是各省专利申请量与各省份高技术产业专利申请量之差，中低技术部门技术改造经费和 R&D 经费内部支出也是由各省总量与各省高技术产业的数据相减而得。

表4-2　　　　　　　　　　变量设定与数据来源

变量	指标设定	数据处理	数据来源
YAL	中低技术产业知识产量	中低技术部门专利申请量	中国统计年鉴、中国科技统计年鉴
LBD	中低技术产业干中学	中低技术部门新产品产值累积值	
LRD	中低技术产业 R&D	中低技术部门 R&D 经费内部支出	
HKS	高技术产业知识溢出	高技术产业知识存量与产业相似度乘积	

二　实证结果

（一）单位根和协整关系检验

首先对所选取变量数据平稳性进行检验，我们利用 Eviews7.2 软件，采用相同根 LLC 单位根检验和不同单位根 ADF-Fisher 和 PP-Fisher 等三种常用方法进行检验。检验结果表明（表4-3），在水平序列中，除了 LnYAL 没有拒绝原假设，其他三个变量序列分别在不同显著性水平下拒绝原假设；在一阶差分检验中，4 个变量在 3 种方法下都在 1% 的显著性水平下拒绝原假设。因此，可以认为 LnYAL 的一阶差分序列平稳，其他变量的水平序列和一阶差分序列平稳。

表4-3　　　　　　　　　　单位根检验结果

变量	LLC 水平序列	LLC 一阶差分序列	ADF-Fisher 水平序列	ADF-Fisher 一阶差分序列	PP-Fisher 水平序列	PP-Fisher 一阶差分序列
LnYAL	9.92050	-13.8826*	2.37476	158.717*	2.65992	182.289*
LnLBD	-6.42446*	-16.9419*	76.5326**	214.226*	105.714*	279.136*
LnLRD	-1.53078***	-19.2098*	18.6877	262.219*	42.9079	314.649*
LnHKS	-3.50158*	-25.0487*	42.4648	172.065*	87.5591*	197.847*

注："*"、"**"和"***"分别表示在1%和5%、10%的显著性水平下拒绝原假设，下表同。

第四章 创新驱动效应测度：基于产业间驱动模型的构建

单位根检验后，还需要对变量间的协整关系进行检验。本文采用 Kao 检验、Pedroni 检验和 Johansen 检验。检验结果表明（表 4-4 和表 4-5），选取的样本存在协整关系。

表 4-4　　　　　　　　Kao 检验和 Pedroni 检验结果

检验方法	检验假设	统计量名	统计量值
Kao 检验	H_0：不存在协整关系（$\rho=1$）	ADF	-3.1895*
Pedroni 检验	H_0：$\rho_i=1$ H_1：$(\rho_i=\rho)<1$	Panel v-Statistic	0.4493
		Panel rho-Statistic	2.2493
		Panel PP-Statistic	-1.8522**
		Panel ADF-Statistic	-0.6425
	H_0：$\rho_i=1$ H_1：$\rho_i<1$	Group rho-Statistic	4.4472
		Group PP-Statistic	-7.0423*
		Group ADF-Statistic	-1.9015**

表 4-5　　　　　　　　Johansen 面板协整检验结果

原假设	Fisher Stat.（from trace test）	Fisher Stat.（from max-eigen test）
None	91.31*	91.31*
At most 1	380.9*	380.9*
At most 2	313.4*	250.2*
At most 3	173.4*	173.4*

（二）面板模型设定检验

F 检验和 Hausman 检验是选择面板模型的常用方法，由于本文想估算出东部、中部、西部以及全国的相关系数，需要设定 4 个面板模型。检验结果表明（表 4-6），分别建立全国、东部①和中部的个体固定效应模型，西部建立个体随机效应模型。

---

① 东部地区包括北京、天津、河北、辽宁、上海、江苏、浙江、福建、山东、广东和海南等 11 个省（市）；中部地区包括山西、内蒙古、吉林、黑龙江、安徽、江西、河南、湖北、湖南、广西等 10 个省（区）；西部地区包括四川、重庆、贵州、云南、陕西、甘肃、青海、宁夏、新疆等 9 个省（区）。

表 4-6　　　　　　　　　　模型设定检验结果

检验统计量	全国	东部	中部	西部
F	30.8556 * (28.345)	40.5953 * (10.129)	9.7654 * (9.117)	19.3424 * (6.81)
Hausman 检验	13.6637 *	11.5404 *	10.4236 **	2.5449

注：括号内数值为 F 统计量的临界值。

三　实证结果分析

通过个体固定加权（GLS）回归结果如表 4-7 所示，结果表明：

1995—2012 年间，对中国中低技术产业知识产出贡献最大的是高技术产业知识溢出，其次是中低技术产业的 R&D 研发，而中低技术产业的干中学效应对中低技术产业知识生产的作用最小。从东部、中部和西部的划分来看，不同区域中低技术产业知识产出的决定因素有显著差异。

近 20 年间，中国中低技术产业知识创新得到了高技术产业部门的知识溢出，即高技术产业创新水平将显著促进中低技术产业部门创新，这主要是由于两部门间的技术差距促进了某些技术知识的跨部门流动。相对于高技术产业部门的知识溢出而言，中国低技术部门知识创新更多的是依靠"自主研发"，其原因有二：一是中低技术产业部门面对的大都是成熟型市场，竞争比较激烈，企业间竞争更多的是快速生产能力和快速市场响应的竞争，支撑这种竞争模式的知识创新属于增量改进和渐进创新。二是中低技术产业部门的总体技术水平较低，需要的技术积累水平不高，企业有能力基于原有产品线进行技术改进升级类的 R&D 活动。而且适度的 R&D 活动将使得低端产品拥有较高的差异化属性，进而获得竞争优势。相对于面向高端化的技术而言，中低技术部门更愿意采用投入不大、复杂性低的实用技术和适用技术。

中低技术产业部门的干中学效应最小，除了该部门本身技术属性之外，可能与外部经济环境有关。一是中国中低技术产业干中学效应缺乏充分释放的时间。国际市场对中国中低端制造产品的巨大需求，以及国际产业资本和产业技术的进入，加速了中国中低技术制造业迅猛发展，过于注重"拿来"技术的短期取向，忽视产业技术进步应有的自我积累和技术学习，快速的市场变化使得企业无暇关注干中学。二是干中学的主体缺乏必要的技术学习基础。中低技术产业部门的发展在很大程度上依赖技术熟练程度不高、技术进入门槛低的从业者，缺乏必要的技术储备和技术学习冲动，即缺乏干中学效应释放的人力资本基础。

从区域角度看，东部、中部和西部中低技术产业知识生产三类投入要素的产出弹性排名与全国是有差别的。一是，在 R&D 投入的产出弹性方面，东部省份中低技术产业 R&D 对低技术产业创新贡献在三个区域中最大，其次为西部和中部，排名与三个区域的经济发展水平、研发人才集聚和市场开放程度等经济指标基本具有一致性，结果同时也表明东部地区增强中低技术产业创新能力的关键在于 R&D 投入。二是，在高技术产业知识溢出贡献方面，中国高技术产业知识溢出对中低技术产业创新作用显著，其中，对中部地区贡献最大，其次是东部和西部，排名与产业 R&D 完全相反。这意味着中低技术产业部门 R&D 投入和高技术部门的知识溢出之间存在着某种替代关系，较高水平的知识溢出可能会降低中低技术产业部门 R&D 投入的积极性，较高水平的 R&D 投入则有可能使得中低技术产业部门知识创新对高技术产业部门知识溢出的依赖程度降低。这种结果与以往研究有些差异，主要原因是当产业技术水平较低时，较低的吸收能力和较大的技术差距使中低技术产业部门的内部创新能力和外部创新溢出之间无法形成良好的交互效应。三是，在干中学效应方面，东部干中学对中低技术产业部门的贡献均为负，而西部和中部地区为正，且西部地区干中学系数最大。这是因为相对于其他两个地区，西部地区的开放程度相对较低，产业体系的本地化特征可能比较突出，相对稳定的产品和要素市场，使得干中学效应得以发挥，即产业内部的挖潜改造能力比较强。例如，2009 年西部地区中低技术产业技术改造经费占工业总产值的比例为 1.37%，远高于同期东部地区（0.55%）和中部地区（1.02%）。

中国中低技术产业创新规模效应递减。将三个系数相加可知，不管是从全国来看，还是各区域，中国中低技术产业创新投入要素的产出弹性之和小于 1，因此，可以判定中低技术产业创新规模效应递减。

表 4-7　　中国区域中低技术产业知识创新因素分析

变量	全国	东部	中部	西部
LnLBD	0.0895* (2.7254)	-0.0310 (-0.5215)	0.1104** (2.3490)	0.3555* (5.2757)
LnLRD	0.1734* (4.2435)	0.4349* (6.9425)	-0.1459** (-2.3148)	0.0474 (0.5241)
LnHKS	0.3341* (16.0946)	0.2616* (8.7766)	0.5648* (15.1557)	0.2129* (4.4297)
C	3.1867* (12.4834)	2.5281* (5.7996)	5.7612* (14.8755)	0.8408* (1.5441)
模型	FE	FE	FE	FE
R^2	0.9747	0.9704	0.9593	0.9571
观测数	540	198	180	162

注："*"、"**"和"***"分别表示在 1%、5% 和 10% 的显著性水平下拒绝原假设，下表同。

第三节　中国区域高技术产业创新驱动指数测算与分析

一　基于全国与区域划分测度结果与分析

如前文所述，高技术部门创新对中低技术部门经济增长的驱动作用大于等于高技术部门创新对整个经济体经济增长的驱动作用。据此，我们将通过分析高技术部门知识创新对中低技术部门经济增长的驱动作用，即用高技术产业创新驱动指数来考察中国高技术产业创新驱动经济增长的程度，并可以根据指数大小来判断高、中低技术产业间的互动发展模式以及产业间所处的驱动阶段。根据表 4-7 中相关系数，结合式（3.14），可以测算中国 1995—2012 年这 18 年间中国高技术产业创新对中低技术产业经济增长的驱动指数（表 4-8）。

总体上看，高技术产业创新对经济增长具有"乘数效应"，即中国尚处于嵌入驱动阶段，高、中低技术产业间呈现收敛式互动发展态势。正如表 4-8 所示，18 年间中国高技术产业创新对中低技术产业经济增长的驱动指数为 1.4533，高技术产业创新增长 1%，将驱动中低技术产业经济增长 1.4533%。从区域上看，高技术产业创新对中部省份驱动作用最大，对西部驱动效果最小。表 4-8 显示中部地区的高技术产业创新驱动指数高达 1.5455，明显高于全国和其他地区，而东部和西部地区都低于全国水平。其原因有二：一是，中部地区产业发展"后发优势"明显。在新一轮产业技术转型升级过程中，对高新技术采用和吸收潜力大。近些年，东部沿海省份向中部产业转移速度加快，与产业转移相配套的产业技术改造升级需求带动了中部产业链式发展，有力地释放了高技术产业对低技术产业的辐射带动潜力；二是，中部相对较低的人力成本和新建企业较高的技术含量为高技术创新发挥驱动效应提供了良好的产业条件。中部地区中低技术产业人力成本较东部低，生产效率和技术含量较西部高。东部地区向中部转移产业的同时，也伴随着产业工人的流动，近几年东部沿海制造业"用工荒"现象的出现间接印证了中部承接产业转移的突出优势。

表4-8　　　　　1995—2012年中国区域HDLI测算结果

地区	全国	东部	中部	西部
HDLI	1.4533	1.4338	1.5455	1.3566

二　基于中国省际测度结果与分析

表4-9　1995—2012年中国各省（市）HDLI及产业互动发展模式

地区	ϕ	θ	ψ	HDLI	模式
北京	0.2238	0.8912	-0.1085	1.9440	收敛
天津	-0.5342	-0.1877	1.2102	1.7028	收敛
河北	-0.0363	-0.0435	0.4699	1.4352	收敛
山西	-1.0496	2.2916	0.0112	0.9539	发散
内蒙古	-0.1468	0.3792	0.1206	1.1571	收敛
辽宁	-0.1267	0.6265	0.2236	1.4470	收敛
吉林	0.0765	0.4317	-0.0061	0.9875	发散
黑龙江	-0.4340	0.3039	0.8024	1.7100	收敛
上海	0.1408	0.5602	0.2062	1.6898	收敛
江苏	-0.3697	-0.0691	1.1199	1.7784	收敛
浙江	-0.5570	0.3223	0.8302	1.6724	收敛
安徽	-0.5648	0.0554	0.9444	1.6257	收敛
福建	0.1828	-0.1359	0.2898	1.3040	收敛
江西	0.2214	-0.5430	0.7035	1.5323	收敛
山东	-0.0177	0.5233	0.2547	1.5151	收敛
河南	0.1281	-0.0215	0.4749	1.5315	收敛
湖北	-0.0873	0.5925	0.3771	1.7620	收敛
湖南	0.4489	0.0434	0.0028	1.0055	收敛
广东	0.2484	0.0424	0.2552	1.3598	收敛
广西	0.4289	0.0545	-0.0448	0.9133	发散
海南	-0.0035	0.1357	0.1969	1.2269	收敛
重庆	0.4815	0.3422	0.1645	1.9335	收敛
四川	0.3647	1.5206	-0.6299	1.7115	收敛

续表

地区	φ	θ	ψ	HDLI	模式
贵州	0.7964	-0.2449	-0.0181	0.9598	发散
云南	0.0336	0.8946	-0.2466	-2.4332	挤出
陕西	1.2421	-1.7831	0.7715	1.5007	收敛
甘肃	0.1431	-0.3089	0.8268	1.7093	收敛
青海	0.3585	0.4255	-0.2741	-0.2690	挤出
宁夏	0.1054	0.3993	0.0824	1.1664	收敛
新疆	0.1546	0.3871	0.0156	1.0341	收敛

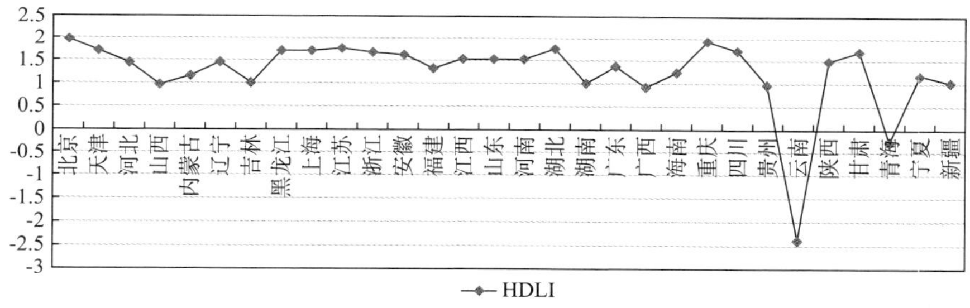

图 4-1 中国各省市 HDLI 比较

为了分析中国各省高技术产业创新驱动情况，本书对中国1995—2012年各省（市）变量数据进行回归估计，并测度了18年间的高技术产业创新驱动指数（表4-9）。在测度结果基础上，本书将中国高技术产业创新驱动指数水平分为四类（表4-9）：第一类是创新驱动力强的地区；第二类是创新驱动力较强的地区；第三类是创新驱动力弱的地区；第三类是逆向驱动的地区。

第一类地区的高技术产业创新驱动指数（HDLI）都大于1.5000，即高技术产业创新对中低技术产业经济增长驱动效果大，产业间呈现收敛式发展态势，这些地区包括北京、天津、黑龙江、上海、江苏、浙江、安徽、江西、山东、河南、湖北、重庆、四川、陕西和甘肃等15个省市。从创新驱动指数的大小来看，北京和重庆得分最高，分别为 1.9440 和 1.9335，即这两个地区的高技术产业创新增长 1 倍，驱动经济增长最大潜力都接近 2 倍。该类地区表现出"两高一低"特点：一是高技术产业对低技术产业创新的知识溢出弹性高。这 7 个地区的高技术产业知识溢出弹性平均为 0.4342，江苏最高为 0.7868，远高于全国平均水平的 0.1527，这与本书理论分析结论是一致的，即高技术产业对低技术产业知识溢出弹性越大，高技术产业创新驱动力越强。二是干中学效应高。这 7 个地区干中学弹性平均值为 0.2012，高于全国水平（0.1670），同时也高于其他三类地区的平均值（0.1783、0.1586 和 0.0725）。三是低技术产业 R&D 弹性最低。该类地区低技术产业 R&D 弹性平均值为 0.2722，远低于全国平均水平（0.4259），该结果与低技术产业知识生产规模递减有关（见表1）。

第二类地区的高技术产业创新驱动指数（HDLI）介于 1.0000 到 1.5000 之间，即高技术产业创新对中低技术产业经济增长驱动效果较大，产业间呈现收敛式发展态势，但收敛速度小于第一类。这些地区包括河北、内蒙古、辽宁、福建、湖南、广东、海南、宁夏和新疆等 9 个省（区）。这些地区高技术产业创新对经济增长驱动作用明显；高技术产业知识溢出弹性和干中学弹性的平均值都略低于第一类地区，低技术产业 R&D 弹性平均值高于第一类，但低于其他两类地区。其中，低技术产业 R&D 弹性平均值在三类弹性中最大，为 0.4114；干中学弹性具有显著的地区差异，如福建干中学弹性全国最大，为 0.8468，远高于广东的 0.3157，而山西、重庆和青海的干中学弹性为负值；低技术产业 R&D 弹性比高技术产业知识溢出弹性地区差异大。在低技术产业 R&D 弹性中，除了福建（-0.2893）和重庆（0.8638），其他地区介于 0.30—0.64 之间，而高技术知识溢出弹性除了青海（0.0041），都在 0.10—0.32 之间，地区差异较小。

第三类地区的高技术产业创新驱动指数（HDLI）小于 1，产业间呈发散式发展态势，即高技术产业创新增速快于中低技术产业经济增长速度。这些地区包括山西、吉林、广西和贵州等4个省（区）。这些地区中低技术产业R&D弹性相对更高，高技术产业知识溢出弹性均值低于干中学弹性均值，包括河北、内蒙古、吉林、湖南、海南、宁夏、云南和新疆等8个省（区）。这些地区高技术产业创新驱动指数不高，均介于1.0—1.6之间，平均为1.4665；低技术产业R&D弹性平均值（0.4787）高于前两类，低于第四类；干中学弹性和高技术产业知识溢出弹性平均值都低于前两类，高于第四类，这些地区干中学弹性都在0.42以下，而高技术产业知识溢出弹性都低于0.13。

第四类属于逆向驱动地区，高技术产业创新驱动指数小于0，产业间呈现挤出式发展态势，包括云南和青海两个地区。中低技术产业R&D弹性最大，高技术产业知识溢出弹性最小，高技术产业创新驱动力最弱，包括江西、山东和广西等3个省份。这3个地区的高技术产业创新驱动指数都小于1，高技术创新驱动经济增长作用较小；低技术产业R&D弹性均值最大，这与高技术产业创新驱动力正好成负相关关系；干中学和高技术产业知识溢出弹性均值最小，3个地区的高技术产业知识溢出弹性甚至均为负值，这说明高技术产业创新没有发挥应有作用，甚至创新资源配置的"扭曲效应"可能导致高、低技术产业创新"分化"现象，高技术产业创新无法向低技术产业转移。

第四节　本章小结

本章在高技术—中低技术两部门模型理论分析基础上，分别构建了高技术产业创新驱动中低技术产业经济增长指数（HDLI）和高技术产业创新驱动经济增长指数（HDYI），并通过比较分析得出：在长时间内，高技术产业创新驱动经济增长指数（HDYI）向高技术产业创新驱动中低技术产业经济增长指数（HDLI）趋同，因此，本书的分析重点在于讨论 HDLI 下的高技术产业与中低技术产业互动发展情况。进一步，本章根据高技术产业创新驱动中低技术产业经济增长指数的变化，可将高、中低技术产业间的互动发展分为收敛、发散、并行、锁定和挤出等不同的模式，并且，还可以根据 HDLI 与 1 的大小关系，来判断产业间创新驱动所处的不同阶段。

为了检验中低技术产业知识生产函数的设定假设，本章用 1995—2012 年的相关数据进行了实证检验，结果表明：中低技术产业干中学、研发和高技术产业知识溢出对中低技术产业知识产出具有显著的影响，从全国整体上看，三个影响因素都对中低技术产业知识产出有正相作用，但从东部、中部和西部的分类回归来看，三类因素对不同地区的影响方向和大小都不相同。紧接着，本章在实证结果基础上，测算了中国整体和东部、中部以及西部地区 1995—2012 年间的 HDLI 大小，测算结果显示：中国已经进入嵌入驱动发展阶段，高、中低技术产业间呈现收敛式发展态势，产业间创新驱动指数为 1.4533，即高技术产业创新增长 1%，驱动中低技术产业经济增长 1.4533%。从中国各个省市的 HDLI 大小来看，可将产业间创新驱动指数分为四类，分别为创新驱动力强的地区（HDLI > 1.5）、创新驱动力较强的地区（1 < HDLI < 1.5）、创新驱动力弱的地区（0 < HDLI < 1）和逆向创新驱动力地区（HDLI < 0）。

第五章　质量评价：创新质量对创新驱动效应的影响

创新是以"破坏者"的形象被引入了经济学研究之中，早期的研究关注于"破坏"的产生机理和过程，并根据"破坏"的程度和方式定义了根本型创新、渐进型创新、适度型创新、原始型创新和诱发型创新等多种形式。尽管定义方式多种多样，但决定创新分类的本质是一致的，即创新是有差异的，这表现为创新生成机制的不同和创新驱动企业或产业发展的内在机制的差异。现有的研究大都注意到创新差别对实证结果可能产生的影响，但受限于现有创新研究体系的不统一，以及创新难以衡量的现实困难，实证过程中仅以创新的数量作为创新能力差异的衡量标准。以创新产出为例，绝大多数研究仅以专利申请量或授权量作为创新的产出变量，缺乏对专利间差异的考量。[①] 这就像衡量经济产出时只关注产量而不考虑价格一样，无法反映创新产出的全貌。客观上，创新能力绝非创新数量的简单罗列，而是数量和质量等二维层面的综合。因此，有必要引入一个衡量创新"价格"的概念——创新质量。那么，在高技术产业创新驱动中低技术产业经济增

[①] 即使学者对专利有区分，大多是从专利的有效性或专利长度等某个方面进行的划分，有很大的局限性。

长的过程中，创新质量如何界定？创新质量对创新驱动效应的发挥是否有影响？影响机制是什么？因此，本章从创新质量的视角展开对创新驱动效果影响的分析。

第一节　创新质量概念

一　文献述评

在文献搜索的基础上，本书发现关于创新质量的研究并不多见，创新质量概念的提出相对较晚，最早由 Haner 提出，他将创新质量定义为创新绩效在潜能—过程—结果这三个维度的总和，认为创新质量可以用数量、绩效、特点、可靠性、对消费者的价值、创新的程度等指标来衡量。Pan Suk Kim 研究了创新质量与创新战略、组织创新、创新绩效的关系，得出创新质量是影响创新绩效的因素，并且创新战略与组织创新是通过作用创新质量进而影响创新绩效。张古鹏等使用专利授权率和专利长度作为创新质量的衡量指标，探讨了中国地区间创新质量的差异。周冠华等在创新、质量及影响因素基础上，将创新的概念内涵与质量的概念内涵进行了系统整合，在创新与质量的共同影响因素基础上提出了创新质量框架。杨幽红总结了创新质量的五个特点，认为创新质量不仅关注正输出、顾客和内部创新质量管理，也关注负输出、相关方、外部信息交换与资源利用，并认为创新质量是一种大质量观念，不仅关注质量创新，更关注创新质量。杨立国等以质量管理的观点探讨中小型高科技企业的创新活动，并建立了一套创新质量评估模式。

通过对创新质量现有文献的梳理，作者发现对其内涵界定没有形成统一的认识，已有的概念过于表面化，只是将创新与质量两类概念简单整合而成，缺乏对创新质量形成与内部结构深入的分析。另外，现有对创新质量评价的体系同样过于简单，影响因素之间的逻辑性和整体性不够，指标选取缺乏说服力。基于已有研究的不足，本书以创新与产业协同发展为视角，提出了高技术产业创新质量的概念内涵，并在内涵基础上构建了中国高技术产业创新质量评价体系，用以测度2003年—2012年间中国各地高技术产业创新质量的水平，并分析了各地区高技术产业创新质量差异的原因以及提高创新质量的关键着力点。

二 创新驱动视角下的创新质量概念

创新质量（Innovation quality）是衡量或评判创新价值的一种标准，体现了创新价值实现过程的总和。作为一个标准，克劳斯比和ISO9000标准将质量定义为"符合要求"，而作为质量科学理念中的一种具体形式，创新质量即"创新符合一组固有特性要求的程度"，与产品质量、服务质量和生活质量等概念相似。作为一种总和，创新质量与产品质量的不同在于产品质量关注结果，而创新质量是创新绩效在潜能—过程—结果三个维度的总和，是创新活动过程和结果的综合。从产业的视角来看，高技术产业创新质量就是高技术产业创新满足高技术产业本身以及与高技术产业相关联的中低技术产业发展要求的程度，即高技术产业单位创新满足相关产业发展要求程度越高，单位创新质量越高。这意味着高技术产业创新质量的本质就是高技术产业创新与相关产业的协同发展，尤其强调创新的产业适应性。因此，按照创新驱动产业发展的内在机制要求，本书将高技术产业创新质量分为创新生成质量、创新应用质量、创新扩散质量和创新转化质量。

创新生成质量（Innovation generated quality）是创新质量构成的基础，同时也是创新的产业适应性起点。由于创新生成是创新要素在创新系统内外部主体间交互作用下的产物，所以创新生成质量是创新生成满足创新主体和创新要素要求的程度，即创新生成质量由创新主体和创新要素的主客观因素决定。现代科学技术的大发展使得创新活动随处可见，使得"创新泛滥"就如产能过剩一样，扭曲资源配置。而决定创新生成质量的主观原因恰恰在于企业家的创新意志强度。熊彼特"创造性破坏"创新理论虽最早提出了企业家创新精神，但企业家创新意志强度是有差别的，就像"做好"与"做到最好"在本质上是不同的一样，追求最卓越创新的企业家往往成为创新竞争的赢家。当然，提升企业家创新意志强度的激励机制是多样的，以国有企业创新为例，国有企业的产权性质容易造成创新效率损失，一方面来自集权经济采用事前官僚监督机制造成的项目选择失误并延迟创新，另一方面源于国家所有制下所引发的委托代理问题和预算软约束。创新具有的不确定性、风险性、异质性、长期性和人力资本密集性等不同于一般生产的特殊属性，使得创新的激励机制设计不同于普通的生产激励，而必须让经营者能够实现长期的自我利益激励。因此，非国有企业的企业家创新意志强度要高于国有企业。此外，创新要素市场化程度是决定创新生成质量的主要客观因素。市场化程度的提高代表了经济活动中市场力量的增强和市场竞争环境的改善，要素市场竞争激烈程度的增加会显著增强企业进行技术创新活动的内在动力。戴魁早等的研究也表明，市场化程度的提高既优化了高技术产业的资源配置，又促进了技术进步，进而提高了创新效率。

创新应用质量（Innovation application quality）是创新的产业适应性初级阶段，同时也是对创新成果商业化程度的一种衡量。创新商业化是创新技术的产生到体现新技术的产品或工艺进入市场的一系列过

第五章 质量评价：创新质量对创新驱动效应的影响

程，而创新独占性和互补性资产在企业创新商业化过程中发挥着重要的作用。创新的独占性是除企业和市场结构以外、使得创新不被模仿的知识和环境因素，对创新者独占创新收益的保护性。企业通常采用法律保护机制来维护创新独占性，而在法律机制中，专利的保护能力高于版权和商标。互补性资产是产品和工艺价值链下游支持创新产出的制造、配送、渠道、售后服务等互补的资产。而专有互补资产通常通过干中学以及不同部门间人员交流而建立，具有路径依赖性和企业特质，难以被模仿。在创新商业化过程中，创新独占性可以直接通过有效的专利制度享受超额利润率，并间接提高企业声誉以利于整合外部资源。而专有互补性资产有助于企业接触重要的市场顾客以了解顾客的潜在需求，也有助于提高企业的技术探索能力。当企业缺乏与创新相关制造专有互补资产时，难以实现创新快速产品化，可能丧失创新市场先动性并流失创新利润，而拥有充分制造专有互补资产企业，不仅可以很快地将创新产品推入市场，获得高市场占有率。因此，本书认为提高产业创新独占性和专有互补性资产是提升创新应用质量的关键。

创新扩散质量（Innovation diffusion quality）是创新的产业适应性中级阶段，同时也是创新驱动产业发展效果的间接体现。在经历创新生成和应用两个阶段后，创新扩散是创新出现的必然结果，并且创新扩散是一个缓慢的过程，但不同类型创新的扩散所引起的经济发展和生产率提升程度是有差异的，这就涉及创新扩散的质量问题。一方面，产业网络关系是引起创新扩散质量差异的一个重要方面。原因在于产业网络同时具有基于产业链分工的技术特性和基于价值链分解的社会特性，加上企业之间的紧密互动，使得产业网络特别有利于创新的扩散。并且，有的学者采用 WS 小世界模型思想，研究了网络结构与性质对创新围观采纳和宏观扩散的影响，认为网络的簇系数决定扩散的最终水平，网络平均距离决定扩散速度。另一方面，市场结构通过影响创新扩散潜力进而决定创新扩散质量。以高技术产业创新向低技术产业扩散为例，高低技术产业格局决定的市场结构对创新扩散的影响是双向的，以高技术产业为主且高低技术产业技术特性关联高的区域市场结构显然利于创新扩散潜力的发挥，而以中低技术为主且产业搭配不合理的区域市场结构对创新扩散有抑制作用。

创新转化质量（Innovation transformation quality）是创新的产业适应性高级阶段，同时也是创新驱动产业深度整合、融合发展的动力。创新在产业间转化是产业演化进程中创新主体主动或被动响应的过程，转化的质量与产业消化吸收能力和学习能力密切相关。对科技型中小企业而言，吸收外来知识资源能够提高创新绩效，而自身吸收能力是企业获取外部知识的基础。陈劲等将企业技术学习要素分为学习源、学习内容、学习主体、学习层次和学习环境五个方面，并认为五个要素均会直接或通过影响技术能力间接影响企业创新绩效。以高技术产业创新向中低技术产业转化为例，产业间的知识溢出是创新转化的主要渠道，除了地理或技术的邻近性等因素外，对高技术产业创新转化的关键在于中低技术产业的消化吸收能力和学习能力。模仿改进创新、引进消化吸收再创新或整合创新等产业创新能力提升模式都是对原有创新的转化，而产业较强的消化吸收能力和学习能力能够加速将新知识融合进现有知识结构体系中，并提高对新知识利用效率。

因此，本书在创新质量内涵基础上，构建了创新质量理论结构框架，如图 5-1 所示：

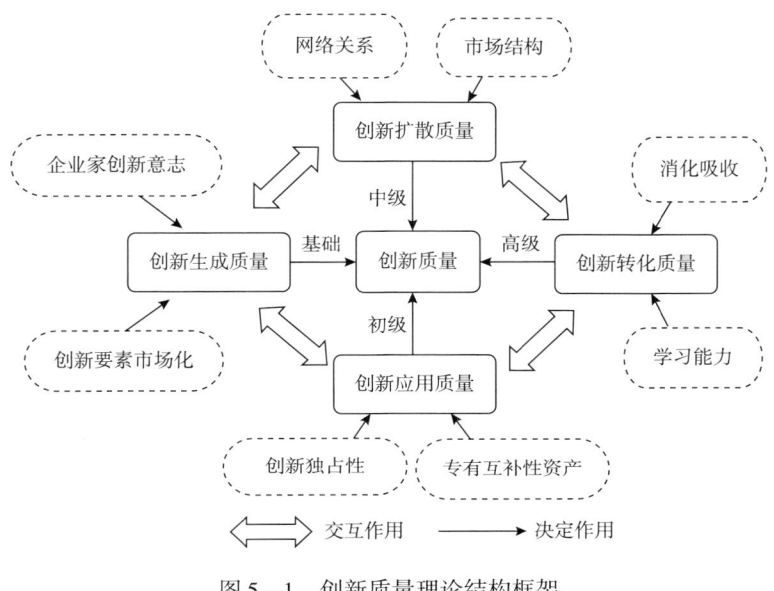

第五章　质量评价：创新质量对创新驱动效应的影响

图 5 – 1　创新质量理论结构框架

第二节　创新质量评价体系构建与测度

一　评价指标选择

在上述创新质量理论分析基础上，遵循指标选择的科学性、系统性及数据可获得性原则，本书从创新生成质量、创新应用质量、创新扩散质量和创新转化质量四个维度，从企业家创新意志、创新要素市场化、创新独占性、专有互补性资产、网络关系、市场结构、消化吸收和学习能力八个方面构建了中国高技术产业创新质量评价指标体系（表 5 – 1）。

表 5-1　　　　　　　　　　创新质量评价体系

维度	变量	指标	指标描述
创新生成质量 IGQ	企业家创新意志	非国有企业数占比	区域非国有高技术企业数/全国非国有高技术企业数
		非国有企业从业人员占比	区域非国有高技术企业从业人员/全国非国有高技术企业从业人员
	创新要素市场化	非国有高技术企业研发经费占比	区域非国有高技术企业研发经费/全国非国有高技术企业研发经费
		非国有高技术企业研发人员占比	区域非国有高技术企业研发人员/全国非国有高技术企业研发人员
创新应用质量 IAQ	创新独占性	发明专利占比	区域高技术产业发明专利/全国高技术产业发明专利
		非国有企业新产品销售收入占比	区域非国有高技术企业新产品销售收入/全国非国有高技术企业新产品销售收入
	专有互补性资产	固定资产交付使用率	区域高技术产业新增固定资产/区域高技术产业固定资产投资额
		高技术产业新增固定资产占比	区域高技术产业新增固定资产/全国高技术产业新增固定资产
创新扩散质量 IDQ	网络关系	R&D 经费外部支出占比	区域规模以上工业企业 R&D 经费外部支出/全国规模以上工业企业 R&D 经费外部支出
		技术市场技术流向地域合同金额占比	区域技术市场技术流向地域合同金额/全国技术市场技术流向地域合同金额
	市场结构	高技术与非高技术企业数之比	区域高技术企业数/区域非高技术企业数
		高技术主营业务收入与非高技术主营业务收入之比	区域高技术产业主营业务收入/区域非高技术产业主营业务收入

续表

维度	变量	指标	指标描述
创新转化质量ITQ	消化吸收	非高技术产业引进技术消化吸收经费支出占比	区域非高技术产业引进技术消化吸收经费支出/全国非高技术产业引进技术消化吸收经费支出
		非高技术产业技术改造经费非支出占比	区域非高技术产业技术改造经费支出/全国非高技术产业技术改造经费支出
	学习能力	高学历研发人才占比	区域规模以上工业企业研发机构博士和硕士之和/区域规模以上工业企业研发机构人员
		非高技术产业研发经费占比	区域非高技术产业研发经费支出/全国非高技术产业研发经费支出

企业家创新意志。衡量企业家精神一般采用企业个数，但这种指标选取方法难以区分企业家创新意志的差别。根据上文的理论分析，需要按产权性质将企业分为国有和非国有两类，所以，我们用区域非国有高技术企业占比和非国有高技术企业从业人员占比来衡量企业家创新意志。

创新要素市场化。发挥市场在创新资源配置过程中的基础性地位表明市场是配置创新资源的有效和高效手段，通过市场调配创新资源是提升创新生成质量的必要方式。针对国有和非国有企业而言，我们认为非国有企业创新要素市场化程度高于国有企业，这是因为国有企业受到较大的行政干预，国有企业市场化改革还在深入。因此，我们用非国有高技术企业研发经费占比和非国有高技术企业研发人员占比两个指标来衡量创新要素市场化程度。

创新独占性。创新独占性是通过专利和其他知识产权等手段，赋予创新者在一定期限内知识排他性权利，以保证创新者获得获利。对独占性工具的经验研究主要集中于知识产权，尤其是专利使用情况及对创新保护作用的实证研究。而在三种专利申请中，发明专利比实用新型和外观设计有更高的知识技术含量，其独占性更容易得到保护。

我们用高技术企业发明专利占比和非国有高技术企业新产品销售收入占比来衡量创新独占性。

专有互补性资产。互补性资产是企业的专用性资产，是企业建立已有能力时做出的不可还原性投资，仅与特定的产品、技术或经营方式联系时才具有价值。我们用高技术产业新增固定资产占比和固定资产交付使用率来衡量专有互补性资产。

网络关系。网络关系强度对企业技术创新具有显著的正向影响，对网络关系强度的测量问题，国内外学者有较多的研究，本书在参考 Caner 等的研究基础上，我们选取 R&D 经费外部支出占比和技术市场技术流向地域合同金额占比来衡量网络关系强度。

市场结构。在创新扩散过程中，市场结构在扩散渠道、空间和深度上能够发挥桥梁作用，不同的市场结构对创新扩散的绩效有显著影响。我们选用高技术与非高技术企业数之比和高技术主营业务收入与非高技术主营业务收入之比来反映市场结构的差异。

消化吸收。中低技术产业消化吸收高技术产业创新的能力高低对高技术产业创新转化质量有重要影响，体现在高技术产业的创新是否易于被中低技产业消化吸收。在借鉴李武威对消化吸收指标选取的研究基础上，我们用非高技术产业引进技术消化吸收经费支出占比和非高技术产业技术改造经费非支出占比来衡量消化吸收能力。

学习能力。区域学习能力更多地反映了中低技术产业主动改造、转化高技术产业创新的能力，学习能力强弱对二次创新有显著的正向作用。我们用高学历研发人才占比和非高技术产业研发经费占比来衡量学习能力。

二 测度方法

本书构建的高技术产业创新质量评价体系共有 4 个维度、8 个因素和 16 个具体衡量指标，由于指标数量较多，为了能反映区域高技术产业创新质量程度，并避免多重共线性，我们采取主成分测度方法，具体测度步骤如下：第一步在指标数据基础上，计算中国各省市高技术产业创新质量体系 16 个指标的权重，然后将权重与数据标准化后的指标相乘，进而算出中国各省市高技术产业创新质量影响因素的分别得分；第二步在八个影响因素得分基础上，继续使用主成分分析方法确定八个因素的权重和得分，并算出中国各省市高技术产业创新质量综合得分；第三步将中国各省市高技术产业创新质量程度排名，对中国各省市高技术产业创新质量进行聚类。本书对区域高技术产业创新质量测度公式为：

$$IQ^i = \lambda_1 IGQ^i_{-e} + \lambda_2 IGQ^i_{-m} + \lambda_3 IAQ^i_{-a} + \lambda_4 IAQ^i_{-s} + \lambda_5 IDQ^i_{-n} + \lambda_6 IDQ^i_{-i} + \lambda_7 ITQ^i_{-a} + \lambda_8 ITQ^i_{-l}$$

上式中 IQ^i 代表中国第 i 个省市高技术产业创新质量水平，该得分是由创新四类质量得分加权计算的结果，IGQ^i_{-e}、IGQ^i_{-m}、IAQ^i_{-a}、IAQ^i_{-s}、IDQ^i_{-n}、IDQ^i_{-i}、ITQ^i_{-a} 和 ITQ^i_{-l} 分别代表企业家创新意志、创新要素市场化、创新独占性、专有互补性资产、网络关系、市场结构、消化吸收和学习能力八个因素指标的得分水平。其中，λ_i 为各因素指标的权重。

三 数据选择与指标权重

根据创新质量指标体系，本书对 1995—2012 年中国 30 个省市（西藏除外）的高技术产业创新质量进行测度，选取的指标数据来源于

《中国统计年鉴》《中国科技统计年鉴》《中国高技术产业统计年鉴》以及各省市统计年鉴和统计报告等资料的汇总[①]。本书采用 SPSS19.0 对八类因素指标进行分年度分析，18 年的截面数据都符合主成分分析的 KMO 值和 Bartlett 检验概率值条件。在上述研究方法和数据支撑下，本书对 1995—2012 年间的高技术产业创新质量八类因素指标赋予了各自的权重，权重计算结果如表 5-2 所示。

正如表 5-2 所示，从 18 年间的权重平均数来看，对中国高技术产业创新质量贡献最大的因素是网络关系和企业家创新意志，权重系数分别为 0.3409 和 0.3040，表明提升中国高技术产业创新质量的关键不仅在于激发一般意义上的企业家创新精神，更为重要的是提升企业家创新意志强度，政府应从多方面反思过往的激励政策，鼓励企业家从注重创新数量转变到提升创新质量上来。对创新质量贡献最小的是市场结构和专有互补性资产，分别为 0.2309 和 0.2349，其他因素的贡献差别不大，介于 0.24—0.30 之间。总体而言，构成创新质量的八个因素权重分配较为均衡，这也客观反映了创新质量内涵的多样性和复杂性，过于忽视某个方面的贡献，对创新质量的评价就有所偏颇。此外，从各个因素 18 年间的变化趋势来看，通过对八个因素权重系数方差和的计算可知，专有互补性资产对创新质量贡献的变化最大，并且近几年在创新质量中占的比重呈下降趋势，其次变化较大的为学习能力和产业结构，但是产业结构对创新质量的贡献呈下降趋势，而学习能力的贡献有较明显的提升。其他 5 个因素对创新质量的贡献在 18 年间的基本处于稳定状态。

---

① 由于本书选取的数据较多，受部分年份统计数据不全或口径不一致的客观限制，在不影响实证结果的前提下，本书采用相邻年份的平均数或年均增长率等方法对部分缺失数据进行了估算。

表5-2　　1995—2012年中国高技术产业创新质量因素权重

年份	λ_1	λ_2	λ_3	λ_4	λ_5	λ_6	λ_7	λ_8
1995	0.2180	0.1464	0.1840	0.1126	0.3028	0.0831	0.3552	0.3107
1996	0.3328	0.1801	0.2772	0.1324	0.3513	0.0662	0.3396	0.3160
1997	0.3707	0.2751	0.3195	0.3031	0.3240	0.0730	0.3205	0.2021
1998	0.3544	0.3854	0.3579	0.1382	0.3035	0.2996	0.0893	0.1276
1999	0.3219	0.2551	0.3395	0.2630	0.3704	0.1083	0.3596	0.2125
2000	0.3093	0.2645	0.3085	0.2718	0.3662	0.1444	0.3293	0.3022
2001	0.2953	0.3335	0.3548	0.2510	0.2681	0.3098	0.0119	0.2580
2002	0.3129	0.2421	0.2712	0.2354	0.3348	0.0779	0.3274	0.3441
2003	0.3398	0.2852	0.3047	0.2812	0.3537	0.2560	0.3399	0.2184
2004	0.3504	0.3314	0.3032	0.2340	0.3269	0.2558	0.3127	0.2405
2005	0.2936	0.2955	0.2873	0.2516	0.3422	0.3502	0.1352	0.3440
2006	0.2534	0.2345	0.2314	0.2520	0.3819	0.3218	0.2613	0.3776
2007	0.2060	0.1980	0.2603	0.2524	0.3282	0.3254	0.1183	0.3183
2008	0.2637	0.2535	0.2853	0.2815	0.3841	0.3426	0.2154	0.3479
2009	0.3243	0.2942	0.2834	0.2848	0.3277	0.2477	0.3213	0.3231
2010	0.2480	0.1888	0.1822	0.1898	0.3200	0.2327	0.3046	0.3217
2011	0.2822	0.2578	0.2706	0.2266	0.3774	0.3222	0.2839	0.3747
2012	0.3951	0.3810	0.3848	0.2666	0.3730	0.3395	0.3074	0.3616
均值	0.3040	0.2668	0.2892	0.2349	0.3409	0.2309	0.2629	0.2945

四　创新质量测度结果与分析

根据上述研究方法，本书计算了1995—2012年中国各地区高技术产业创新质量水平的得分，在年度结果基础上分别计算出八个因素指标和总体创新质量得分的平均值（表5-3）。并将各地创新质量得分进行聚类分析，首先聚类为创新质量高、中和低三类，并根据首次聚类情况，再次将创新质量低的地区聚为创新质量较低和低两类，综合聚类结果显示中国各地高技术产业创新质量水平分可为四类地区，第一类为创新质量高的地区,第二类为创新质量较高的地区,第三类为创新质量一般的地区,第四类为创新质量较低的地区(表5-4)。

表5-3 1995—2012年中国各地区高技术产业创新质量体系平均得分

地区	IGQ^i_{-e}	IGQ^i_{-m}	IAQ^i_{-a}	IAQ^i_{-s}	IDQ^i_{-n}	IDQ^i_{-i}	ITQ^i_{-a}	ITQ^i_{-l}	IQ^i	排名
北京	0.0146	0.0183	0.0248	0.0709	0.0438	0.0971	0.0044	0.0739	0.0966	3
天津	0.0109	0.0081	0.0200	0.0533	0.0181	0.0572	0.0066	0.0502	0.0609	7
河北	0.0066	0.0044	0.0026	0.0605	0.0095	0.0109	0.0133	0.0523	0.0431	16
山西	0.0036	0.0007	0.0007	0.0456	0.0071	0.0085	0.0082	0.0475	0.0326	24
内蒙古	0.0014	0.0002	0.0012	0.0634	0.0050	0.0097	0.0051	0.0449	0.0345	22
辽宁	0.0108	0.0103	0.0084	0.0544	0.0192	0.0205	0.0137	0.0579	0.0528	9
吉林	0.0062	0.0018	0.0018	0.0640	0.0058	0.0225	0.0040	0.0533	0.0420	17
黑龙	0.0034	0.0055	0.0035	0.0675	0.0096	0.0171	0.0053	0.0518	0.0439	15
上海	0.0221	0.0217	0.0313	0.0774	0.0378	0.0560	0.0285	0.0619	0.0943	4
江苏	0.0660	0.0352	0.0372	0.0955	0.0357	0.0425	0.0288	0.0673	0.1157	2
浙江	0.0312	0.0173	0.0149	0.0621	0.0236	0.0216	0.0194	0.0593	0.0695	6
安徽	0.0060	0.0027	0.0019	0.0512	0.0103	0.0146	0.0107	0.0476	0.0392	20
福建	0.0118	0.0098	0.0155	0.0588	0.0099	0.0366	0.0045	0.0479	0.0521	11
江西	0.0066	0.0064	0.0022	0.0526	0.0065	0.0252	0.0051	0.0443	0.0395	19
山东	0.0211	0.0162	0.0176	0.0576	0.0374	0.0161	0.0353	0.0635	0.0750	5
河南	0.0095	0.0047	0.0036	0.0749	0.0108	0.0114	0.0115	0.0492	0.0464	13
湖北	0.0088	0.0084	0.0047	0.0616	0.0102	0.0195	0.0120	0.0566	0.0492	12
湖南	0.0068	0.0045	0.0049	0.0699	0.0100	0.0165	0.0091	0.0513	0.0456	14
广东	0.0972	0.0933	0.1018	0.0945	0.0384	0.0708	0.0134	0.0665	0.1632	1
广西	0.0044	0.0012	0.0012	0.0538	0.0035	0.0155	0.0040	0.0473	0.0336	23
海南	0.0009	0.0002	0.0002	0.0440	0.0021	0.0271	0.0004	0.0479	0.0326	25
重庆	0.0033	0.0031	0.0023	0.0647	0.0084	0.0205	0.0060	0.0494	0.0401	18
四川	0.0101	0.0127	0.0154	0.0599	0.0108	0.0317	0.0098	0.0457	0.0523	10
贵州	0.0026	0.0043	0.0034	0.0638	0.0020	0.0242	0.0030	0.0412	0.0371	21
云南	0.0019	0.0008	0.0019	0.0491	0.0064	0.0108	0.0042	0.0441	0.0310	27
陕西	0.0053	0.0230	0.0070	0.0670	0.0077	0.0426	0.0045	0.0487	0.0529	8
甘肃	0.0013	0.0018	0.0007	0.0510	0.0050	0.0091	0.0059	0.0427	0.0311	26

续表

地区	IGQ^i_{-e}	IGQ^i_{-m}	IAQ^i_{-a}	IAQ^i_{-s}	IDQ^i_{-n}	IDQ^i_{-i}	ITQ^i_{-a}	ITQ^i_{-l}	IQ^i	排名
青海	0.0003	0.0000	0.0003	0.0461	0.0015	0.0084	0.0005	0.0382	0.0248	30
宁夏	0.0004	0.0004	0.0003	0.0438	0.0009	0.0078	0.0013	0.0461	0.0267	29
新疆	0.0006	0.0001	0.0002	0.0611	0.0059	0.0037	0.0020	0.0448	0.0310	28

表5-4　中国各地高技术产业创新质量水平聚类分析结果

分类	地区
高	广东、江苏
较高	北京、上海、浙江、山东
较低	天津、河北、辽宁、吉林、黑龙江、安徽、福建、江西、河南、湖北、湖南、四川、陕西
低	山西、内蒙古、广西、海南、重庆、贵州、云南、甘肃、青海、宁夏、新疆

高技术产业创新质量高的第一类地区只有广东和江苏两省，从表5-3可知，广东和江苏高技术产业创新质量的平均值分别为0.1632和0.1157，明显高于其他地区。其中，广东在企业家创新意志、创新要素市场化、创新独占性和产业结构四个方面领先全国，而江苏在专有互补性资产、消化吸收和学习能力的得分在全国居首位，即广东高技术产业的创新生成质量最高，而江苏高技术产业的创新转化质量最好。不仅如此，创新独占性和企业家创新意志是广东创新质量高的主要因素，得分分别为0.1018和0.0972，也是所有因素得分中最高的两个，而消化吸收对广东创新质量的贡献最小，仅为0.0134，其次为学习能力和网络关系。专有互补性资产对江苏创新质量贡献最高，而网络关系贡献最小。相比较而言，广东高技术产业的创新重生成质量轻转化质量，而江苏的特点是重创新转化质量而轻创新扩散质量。

第二类地区包括北京、上海、浙江和山东四个地区，这些地区的高技术产业创新质量较高，得分介于0.0695到0.0966之间，均值为0.0839。从四个地区创新质量要素的各项平均值来看，对高技术产业创新质量较高最重要的三个因素分别为学习能力、专有互补性资产和市场结构,三个因素的六个地区平均值分别为 0.0670、0.0647 和 0.0477,而贡献最小的三个因素依次为创新要素市场化、消化吸收和创新独占性,平均得分都小于 0.03,分别仅为 0.0184、0.0219 和 0.0222。分地区而言,北京市场结构对创新质量贡献最大,并且北京的市场结构在四个地区所有要素中得分最高,为 0.0971,山东的学习能力是创新质量较高的关键因素,为 0.0635,而上海和浙江创新质量的关键因素都是专有互补性资产。此外,制约四个地区创新质量提升的因素分别为北京的消化吸收、上海的创新要素市场化、山东的产业结构和浙江的创新独占性。同时,结果表明高技术产业创新质量较高的决定因素地区差异较大,提升这四个地区高技术产业创新质量没有统一标准,关键在于因地制宜。

第三类地区包括天津、河北、辽宁、吉林、黑龙江、安徽、福建、江西、河南、湖北、湖南、四川、陕西 13 个省(市),这些地区的高技术产业创新质量较低,均值为 0.0478。从要素得分均值来看,对这 13 个地区高技术产业创新质量贡献最大的三类因素依次为专有互补性资产、产业结构和学习能力,而企业家创新意志、创新要素市场化和创新独占性的贡献最小,这与创新质量最高的前两类地区基本一致。从各地区的情况来看,决定高技术产业创新质量较低关键因素的地区差异较小,其中,除了辽宁的学习能力是贡献最大的因素以外,其他省市的专有互补性资产都对创新质量贡献最大。

第四类地区是高技术产业创新质量最低的地区,包括山西、内蒙古、广西、海南、重庆、贵州、云南、甘肃、青海、宁夏和新疆 11 个省(区),这些地区的得分均值仅为 0.0322,得分介于 0.0248 到 0.0392 之间,与创新质量高和较高地区的差距比较显著。这 11 个地区的八个影响因素指标得分均值也都较小,其中学习能力和专有互补性资产是得分比较高的两个因素,而创新要素市场化和创新独占性的贡献较低。从分地区的情况来看，决定高技术产业创新质量低的因素地区差异较小，基本都与均值的情况一致。第四类地区与第三类地区的相似之处在于专有互补性资产对高技术产业创新质量的贡献都很大，并与第一类和第二类的主要影响因素区别不是很显著。

第三节 创新质量对创新驱动效应影响的实证分析

一 提出假设

结合上文产业间创新驱动的理论分析以及经济中的实际情况，在创新驱动效应发挥过程中，暗含着这样一种前提假设，即高技术产业创新质量越高，那么创新成果转移或应用到中低技术产业后，对中低技术产业创新能力的提升作用越大，进而驱动中低技术产业经济增长的潜力也越大。上文的分析忽略了这种前提假设成立的现实条件，这主要体现在：一是，高技术产业高质量的创新能够与中低技术产业的技术需求或创新需求相匹配。这要求中低技术产业创新网络与高技术产业创新网络间存在着某种程度的交叉、渗透和融合，高质量的创新成果从生成、扩散到转化等不同阶段都有中低技术产业中相关企业的参与和互动，并且创新成果同时满足了高、中低技术产业各自的发展需要；二是，中低技术产业对高质量创新成果的学习能力和消化吸收能力。客观上，质量越高的创新成果往往具有更复杂和更多样化的知识集成特征，超越中低技术产业实际领悟和学习能力的高质量创新成果有可能会对中低技术产业创新能力的提升产生制约。而这种制约可能会体现在中低技术产业知识生产的过程中，即高质量创新成果对中低技术产业干中学、研发和高技术产业知识溢出的影响。因此，为进一步揭示出产业间创新驱动发展的内在规律，需要检验高技术产业创新质量与中低技术产业知识产出之间到底存在何种相关关系，以及高技术产业创新质量对中低技术产业干中学、研发和高技术产业知识溢出与中低技术产业知识产出关系的调节作用。

本章提出如下几条假设：

（1）高技术产业创新质量对中低技术产业知识产出是否具有显著作用。

假设 H1a：高技术产业创新质量对中低技术产业知识产出具有正向作用；

假设 H1b：高技术产业创新质量对中低技术产业知识产出具有负向作用。

（2）高技术产业创新质量对高技术产业知识溢出与中低技术产业创新绩效关系的调节作用。

假设 H2a：高技术产业创新质量对高技术产业知识溢出与中低技术产业创新绩效关系起正调节作用。

假设 H2b：高技术产业创新质量对高技术产业知识溢出与中低技术产业创新绩效关系起负调节作用。

（3）高技术产业创新质量对中低技术产业干中学与创新绩效关系的调节作用。

假设 H3a：高技术产业创新质量对中低技术产业干中学与中低技术产业创新绩效关系起正调节作用。

假设 H3b：高技术产业创新质量对中低技术产业干中学与中低技术产业创新绩效关系起负调节作用。

（4）高技术产业创新质量对中低技术产业研发与创新绩效关系的调节作用。

假设 H4a：高技术产业创新质量对中低技术产业研发与中低技术产业创新绩效关系起正调节作用。

假设 H4b：高技术产业创新质量对中低技术产业研发与中低技术产业创新绩效关系起负调节作用。

二 构建计量模型

在上一章模型设定基础上，本章继续采用面板数据模型进行回归估计，重点考察引入高技术产业创新质量变量后，其他解释变量对被解释变量的变化情况。继续采用 Hausman 检验来进行面板模型的设定，来确定选取固定效应模型或随机效应模型。固定效应模型不需要对截距项的个体独立问题进行假定，但为了增加回归结果的可信度，本书同时报告固定效应和随机效应结果，Hausman 检验支持哪种模型，HD-LI 的计算会以检验支持的模型回归结果为依据。本书采用的回归模型如下：

$$\ln YAL_{it} = a + \phi \ln LBD_{it} + \theta \ln LRD_{it} + \psi \ln HKS_{it} + \beta_1 \ln HIQ_{it} + \beta_2 \ln HKS_{it} \times \ln HIQ_{it} + \beta_3 \ln LBD_{it} \times \ln HIQ_{it} + \beta_4 \ln LRD_{it} \times \ln HIQ_{it} + u_{it}$$

其中，HIQ_{it} 为高技术产业创新质量。为了考察高技术产业创新质量对知识溢出、研发和干中学与中低技术产业创新绩效的调节作用，模型分别引入了高技术产业创新质量与中低技术产业干中学、研发和高技术产业知识溢出的交互项，即 $\ln HIQ_{it} \times \ln LBD_{it}$、$\ln HIQ_{it} \times \ln LRD_{it}$ 和 $\ln HIQ_{it} \times \ln HKS_{it}$。

本模型变量的选取与上一章基本一致。其中，被解释变量为中低技术产业知识产出（或创新绩效），采用当年中低技术产业专利申请量度量；解释变量中的中低技术产业干中学、研发和高技术产业知识溢出与上一章的设定一致；调节变量采用本书经指标体系法测算的高技术产业创新质量数据。

三　回归结果分析

(一) 基本回归结果

模型1、模型2、模型3和模型4分别以不同的方式将交互项引入回归模型，并分别报告固定效应和随机效应的回归结果（表5-5）。总体来看，①高技术产业创新质量与中低技术产业知识产出的关系具有显著的负向关系。4个模型的Hausman检验结果都支持固定效应模型，其中，模型1、模型2和模型3的固定效应结果支持高技术产业创新质量与中低技术产业知识产出负相关，模型4的随机效应结果在5%的显著性水平下拒绝原假设，而固定效应的结果并不显著。②高技术产业创新质量对中低技术产业干中学与中低技术产业知识产出的关系具有显著的正调节作用。模型1的固定效应和随机效应结果一致显示出高技术产业创新质量与中低技术产业干中学的交互项系数显著为正（$P<0.01$，固定效应系数0.0218，随机效应系数0.0506），并且中低技术产业干中学的单独变量系数显著为正（$P<0.01$，固定效应系数0.2121，随机效应系数0.3018），这表明随着高技术产业创新质量的上升，中低技术产业干中学效应对中低技术产业知识产出的贡献越大，而高技术产业创新质量越小，中低技术产业干中学效应对中低技术产业知识产出的贡献越小。③高技术产业创新质量对中低技术产业R&D研发与中低技术产业知识产出具有显著的正调节作用。模型2的固定效应和随机效应结果表明，高技术产业创新质量与中低技术产业R&D研发的交互项系数显著为正（$P<0.01$，固定效应系数0.0250，随机效应系数0.0565），并且中低技术产业研发的单独变量系数显著为正（$P<0.01$，固定效应系数0.2418，随机效应系数0.3919），表明随着高技术产业创新质量的提升，中低技术产业R&D研发对中低技术产业知识产出的贡献越大，而高技术产业创新质量越小，中低技术产业

R&D 研发对中低技术产业知识产出的贡献越小。④高技术产业创新质量对高技术产业知识溢出与中低技术产业知识产出的关系具有显著的正调节作用。与模型 1 和模型 2 的结果分析同理，模型 3 的固定效应和随机效应结果表明，高技术产业创新质量与高技术产业知识溢出的交互项系数显著为正（$P < 0.01$，固定效应系数 0.0210，随机效应系数 0.0443），这表明随着高技术产业创新质量变高，高技术产业知识溢出对中低技术产业知识产出的贡献越大，而高技术产业创新质量越小，高技术产业知识溢出对中低技术产业知识产出的贡献越小。

表 5 –5　　　　　中国中低技术产业知识创新因素分析

变量	模型1 固定	模型1 随机	模型2 固定	模型2 随机	模型3 固定	模型3 随机	模型4 固定	模型4 随机
$LnLBD$	0.2121* (4.6286)	0.3018* (5.9237)	0.1339* (3.9521)	0.1260* (3.5423)	0.1318* (3.8795)	0.1268* (3.5219)	0.1719** (1.7156)	0.2307** (2.2693)
$LnLRD$	0.1564* (3.7419)	0.1954* (4.3924)	0.2418* (4.5647)	0.3919* (6.6902)	0.1644* (3.8939)	0.1993* (4.4456)	0.1944* (1.7635)	0.2031** (1.6998)
$LnHKS$	0.3103* (14.0454)	0.2918* (11.6872)	0.3135* (14.2681)	0.2924* (11.7814)	0.3797* (13.9624)	0.4389* (14.0340)	0.3225* (4.7052)	0.3548* (4.5855)
$LnHIQ$	−0.3848* (−3.4570)	−0.7424* (−5.7019)	−0.3597* (−3.4602)	−0.6692* (−5.5946)	−0.1575* (−4.7545)	−0.2011* (−5.5262)	−0.3628 (−1.4964)	−0.5358** (4.5855)
$LnLBD \times LnHIQ$	0.0218* (2.7430)	0.0506* (5.3515)					0.0108 (0.4034)	0.0298 (1.0880)
$LnLRD \times LnHIQ$			0.0250* (2.7097)	0.0565* (5.2351)			0.0108 (0.3508)	0.0010 (0.0308)
$LnHKS \times LnHIQ$					0.0210* (2.8208)	0.0443* (5.1969)	0.0034 (0.1586)	0.0199 (0.8695)
C	1.4489* (2.8747)	−0.0773 (−0.1292)	1.5772* (3.3168)	0.1763 (0.3135)	2.2277* (7.1129)	1.7862* (4.8397)	1.5402** (1.8105)	0.6013 (0.6110)
模型	FE	RE	FE	RE	FE	RE	FE	RE
R^2	0.9746	0.8876	0.9749	0.8869	0.9743	0.8878	0.9745	0.8878
Hausman P 值		0.0000		0.0000		0.0000		0.0000

续表

变量	模型1 固定	模型1 随机	模型2 固定	模型2 随机	模型3 固定	模型3 随机	模型4 固定	模型4 随机
观测数	540	540	540	540	540	540	540	540
HDLI	1.4914	1.5804	1.5021	1.6065	1.5395	1.6513	1.5090	1.6267

注："*"、"**"和"***"分别表示在1%、5%和10%的显著性水平下拒绝原假设,下表同。

(二) 稳健性检验

由于中低技术产业知识生产与干中学投入和R&D研发投入具有明显的双向因果关系,因此产生的内生性问题容易造成当期估计结果有偏,需要进行稳健性分析。由于中低技术产业知识产出可以用不同的指标来度量,本书还将采用中低技术产业新产品数量作为知识产出的另一个衡量指标,以进一步检验干中学、研发和高技术产业知识溢出对中低技术产业知识产出的影响是否为正,以及高技术产业创新质量的调节作用是否不变。进一步,本书采用T+1期被解释变量估计,可以在一定程度上解决随时间变动而导致的内生性问题。

表5-6　　　　　稳健性检验回归结果

变量	被解释变量: YAL (T+1期专利申请量) 模型5	模型6	模型7	被解释变量: YAL (T+1期新产品数量) 模型8	模型9	模型10
$LnLBD$	0.2579* (4.8536)	0.0987* (2.6916)	0.0954* (2.6178)	0.3858* (4.7034)	0.1879* (3.0747)	0.1797* (2.9552)
$LnLRD$	0.1462* (3.5047)	0.3204* (5.6138)	0.1584* (3.7578)	0.2370* (4.7034)	0.4360* (4.9027)	0.2532* (3.5465)
$LnHKS$	0.3231* (13.6232)	0.3266* (13.7936)	0.4595* (14.0852)	-0.0470 (-1.2762)	-0.0397 (-1.0800)	0.0956** (2.3628)
$LnHIQ$	-0.7782* (-4.6670)	-0.6949* (-4.6114)	-0.2302* (-4.5262)	-0.7393* (-3.9089)	-0.6142* (-3.4797)	-0.1169** (-2.0398)
$LnLBD \times LnHIQ$	0.0498* (4.6067)			0.0554* (4.1606)		

续表

变量	被解释变量：YAL（T+1期专利申请量）			被解释变量：YAL（T+1期新产品数量）		
	模型5	模型6	模型7	模型8	模型9	模型10
Ln*LRD* × Ln*HIQ*		0.0559* (4.5455)			0.0576* (3.7605)	
Ln*HKS* × Ln*HIQ*			0.0449* (4.8384)			0.0414* (3.5413)
C	0.7447 (1.1644)	1.0492*** (1.7682)	2.4309* (6.9662)	4.4640* (5.0241)	4.9698* (5.8893)	6.6608* (11.8749)
模型	FE	FE	FE	FE	FE	FE
R^2	0.9756	0.9759	0.9753	0.8618	0.8615	0.8618
Hausman P值	0.0000	0.0000	0.0000	0.0003	0.0006	0.0003
观测数	510	510	510	510	510	510

正如表5-6中模型5、模型6和模型7所示，被解释变量T+1期回归结果显示，不论哪种交互项引入回归模型，高技术产业创新质量对中低技术产业知识产出有显著的负向影响（P<0.01，固定效应系数分别为-0.7782、-0.6949和-0.2302），而高技术产业创新质量与中低技术产业干中学乘积系数显著为正（P<0.01，固定效应系数为0.0498），高技术产业创新质量与中低技术产业R&D研发乘积系数显著为正（P<0.01，固定效应系数为0.0559），且高技术产业创新质量与高技术产业知识溢出的乘积也显著为正（P<0.01，固定效应系数为0.0449）。模型8、模型9和模型10以T+1期的中低技术产业新产品数量为因变量，回归结果显示，高技术产业创新质量对中低技术产业知识产出具有显著的负向影响（P<0.01，固定效应系数分别为-0.7393、-0.6142和-0.1169），并且高技术产业创新质量与干中学、研发和高技术产业知识溢出的交互项也都在1%显著性水平下显著，系数也都为正，但是模型8和模型9的高技术产业知识溢出对中

低技术产业知识产出的结果不显著。总之，稳健性结果再次表明，高技术产业创新质量对中低技术产业知识产出具有负向作用，且高技术产业创新质量对中低技术产业知识产出与干中学、研发和知识溢出关系具有正向调节作用。

四 创新质量引起 HDLI 的变化

（一）基于中国整体以及区域的变化

上文实证结果显示，高技术产业创新质量变量引入回归模型后，中低技术产业干中学、研发和高技术产业知识溢出系数都发生了相应变化，以模型1中的固定效应模型结果为例，引入高技术产业创新质量和创新质量与干中学乘积两个变量后，中低技术产业干中学系数由表4-7中的0.0895增大为0.2121，R&D研发和高技术产业知识溢出分别由0.1734和0.3341下降为0.1564和0.3103，而产业间创新驱动指数（HDLI）由1.4533上升到1.4914。结果表明中国高技术产业创新质量对产业间创新驱动效应的发挥具有显著的正向作用，并且这种正向作用的发挥主要体现在对中低技术产业干中学、研发和高技术产业知识溢出的知识产出弹性的影响。上文实证结果也同时证明，高技术产业创新质量对中低技术产业干中学、研发和高技术产业知识溢出与中低技术产业知识产出关系正向调节作用的存在，这反映出1995—2012年间的中国高、中低技术产业间存在某种程度的协同，具体表现在产业创新网络、产业交叉渗透和知识差异等方面的互补性。一般情况下，高技术产业创新质量越高，创新成果转移或溢出到中低技术产业后，中低技术产业创新能力提升会越快，但中国过去18年的情况却正好相反，原因在于，一是中低技术产业学习能力提升太慢，不仅难以消化吸收高技术产业创新成果，反而浪费了本就稀缺的中低技术产业研发资源。高技术产业创新质量越高，往往表明创新成果的知识多

第五章 质量评价：创新质量对创新驱动效应的影响

样性和复杂性越大，在转移或溢出到中低技术产业后，就要求中低技术产业提升学习能力和消化吸收能力，只有将中低技术产业的研发能力提升到一定的层级，才能更好地发挥高技术产业创新成果对中低技术产业创新能力的驱动作用，实证结果表明了中国中低技术产业"成长"不足。二是高、中低技术产业间创新网络和环节等不匹配。在一个高、中低技术产业创新网络完善、创新分工合理的产业体系中，高技术产业创新对中低技术产业发展具有巨大的诱发效应，而这种诱发效应发挥的前提就是产业间的资源、组织和结构等要素的协同，协同度越高，高技术产业创新质量对中低技术产业创新的正向作用体现的越充分，而实证结果恰恰体现了中国高、中低技术产业间的某种割裂存在。

从区域来看（图 5-2），高技术产业创新质量对不同区域 HDLI 的影响是有差异的。考虑高技术产业创新质量因素后，东部和西部地区 HDLI 上升，其中，西部地区上升幅度较大。这表明东部和西部的高技术产业创新质量能够显著促进产业间创新驱动效应的发挥。中部地区的情况恰好相反，加入高技术产业创新质量因素的回归结果显示 HDLI 由 1.5455 下降到 1.3695，反映出中部地区高技术产业创新质量制约了产业间创新驱动效应发挥，这可能与中部地区的产业结构布局、人力资本结构、中低技术产业转型升级以及承接东部地区产业转移等因素有关。

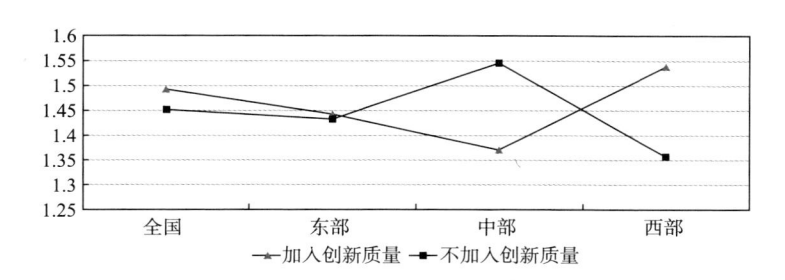

图 5-2 高技术产业创新质量对区域 HDLI 的影响

（二）基于中国省际的 HDLI 变化

中国各省（市）HDLI 的测度结果表明，加入高技术产业创新质量因素后，中国各省（市）HDLI以及产业间互动发展模式都发生了相应的变化，主要体现在三个方面：一是，HDLI变化率的地区差异比较大。部分地区HDLI正向变化，其中，北京和山东变化最大，HDLI分别由1.9440和1.5151提升到3.3415和2.4043，分别增大了71.89%和58.69%，这说明北京和山东的高技术产业创新质量与产业间创新驱动效应的发挥具有较大的内在关联。部分地区HDLI逆向变化。其中，青海和云南的下降幅度最大，HDLI分别由-0.2690和-2.4332提升到0.3296和-1.5130，变化率分别为-222.53%和-37.82%，但从变化的绝对值来看，这两个地区的HDLI都呈上升趋势；二是，产业间互动发展模式发生了改变。加入高技术产业创新质量因素后，山西、湖南和青海三个省份的高、中低技术产业间互动发展模式分别由发散、收敛和挤出变为收敛、发散和发散，具体的HDLI分别由0.9539、1.0055和-0.2690变为1.0961、0.9959和0.3296。这表明高技术产业创新质量不仅对这三个地区产业间创新驱动效应的发挥有重要作用，并且还影响产业间的互动发展模式；三是，大部分省（市）的HDLI变化不大，产业间互动发展模式保持稳定。正如图5-3所示，加入或不加入高技术产业创新质量对大部分省（市）的影响不明显。

表5-7　高技术产业创新质量对中国各省（市）HDLI的影响

地区	ϕ	θ	ψ	HDLI	变化率	模式
北京	0.3242	0.7078	-0.0749	3.3415	71.89%	收敛
天津	-0.4250	-0.1847	1.1326	1.7036	0.05%	收敛
河北	0.0293	-0.0486	0.4153	1.4075	-1.93%	收敛
山西	-1.3556	2.7680	-0.0396	1.0961	14.90%	收敛
内蒙古	-0.1917	0.3962	0.1529	1.1923	3.04%	收敛
辽宁	-0.1162	0.6166	0.2207	1.4417	-0.37%	收敛
吉林	0.1100	0.4787	-0.0816	0.8016	-18.83%	发散
黑龙江	-0.3198	0.1742	0.7810	1.6818	-1.65%	收敛

第五章　质量评价：创新质量对创新驱动效应的影响

续表

地区	ϕ	θ	ψ	HDLI	变化率	模式
上海	0.0224	0.7665	0.1536	1.7276	2.24%	收敛
江苏	-0.2850	-0.1218	1.1198	1.7960	0.99%	收敛
浙江	-0.4904	0.3060	0.7932	1.6697	-0.16%	收敛
安徽	-0.3469	0.0439	0.8239	1.6323	0.41%	收敛
福建	0.3440	-0.1081	0.1588	1.2078	-7.37%	收敛
江西	0.3476	-0.6478	0.6796	1.5227	-0.62%	收敛
山东	0.2463	1.1189	-0.5128	2.4043	58.69%	收敛
河南	0.1345	-0.0234	0.4714	1.5303	-0.08%	收敛
湖北	-0.1590	0.6663	0.3956	1.8028	2.32%	收敛
湖南	0.5396	-0.0513	-0.0021	0.9959	-0.95%	发散
广东	0.1682	0.0476	0.3005	1.3832	1.72%	收敛
广西	0.5411	0.0253	-0.0938	0.7835	-14.21%	发散
海南	-0.0315	0.1438	0.2111	1.2378	0.89%	收敛
重庆	0.4716	0.3541	0.1622	1.9308	-0.14%	收敛
四川	0.4112	1.2231	-0.4736	1.7466	2.05%	收敛
贵州	0.8107	-0.2609	-0.0195	0.9567	-0.33%	发散
云南	0.0714	0.8340	-0.2377	-1.5130	-37.82%	挤出
陕西	1.4045	-1.3765	0.3657	1.3762	-8.30%	收敛
甘肃	0.2406	-0.3714	0.7979	1.7056	-0.21%	收敛
青海	0.3991	0.3219	-0.1871	0.3296	-222.53%	发散
宁夏	0.0757	0.4407	0.0715	1.1478	-1.59%	收敛
新疆	0.1530	0.4074	0.0007	1.0015	-3.15%	收敛

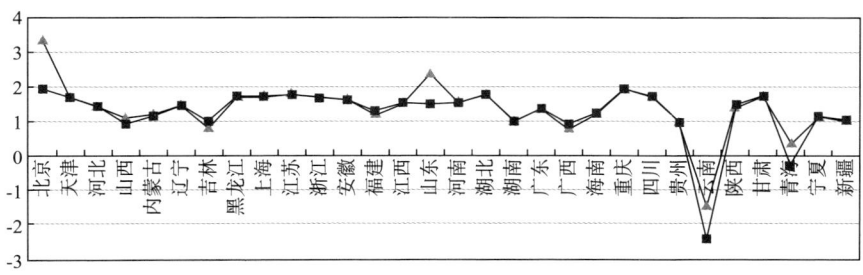

图 5-3　中国各地区创新质量对 HDLI 的影响

第四节 本章小结

本章在高技术产业创新驱动中低技术产业发展理论分析基础上，依据创新驱动产业发展的生成、应用、扩散和转化四个过程，提出了高技术产业创新的产业适应性程度概念——创新质量，并构建了高技术产业创新质量评价体系，以研究高技术产业创新质量的水平，进一步通过1995年—2012年的中国省级面板数据实证检验了高技术产业创新质量对产业间创新驱动效应的影响作用。因此，本章的研究主要得出两方面的结论：

（1）从中国高技术产业创新质量来看，现阶段，中国高技术产业创新质量处于由初级产业适应性向中高级产业适应性提升阶段。依据对创新质量高低划分的四类地区分析，企业家创新意志、创新要素市场化和创新独占性是形成地区高技术产业创新质量高的主要原因，即中国高技术产业创新质量高的地区具有较高的创新生成质量和创新应用质量。理论上，创新生成质量和创新应用质量是创新产业适应性的基础和初级阶段，而中国高技术产业创新质量高的地区恰恰是由前两者起主要作用，表明中国高技术产业的创新质量还没有达到高阶段的产业适应性。

高技术产业创新质量的区域不平衡显著，且质量提升的动态效果有限。近十年，华东地区和华南地区的高技术产业创新质量显著高于其他地区，且动态稳定。形成区域不平衡局面的原因在于，一方面创新生成质量和创新应用质量的差异构成了区域不平衡的基础，另一方面创新扩散质量和创新转化质量本应成为打破区域不平衡，缩小区域差距的突破口，但区域专有互补性资产、产业结构、消化吸收和学习能力的动态调整过于剧烈，形成此消彼长的态势，没有成为区域质量

第五章 质量评价：创新质量对创新驱动效应的影响

提升甚至超越的支撑。此外，十年间各区域质量提升并不明显，这是创新质量影响因素之间交互作用结果的体现。总体上，企业家创新意志、创新要素市场化、创新独占性和网络关系的变化趋势较为稳定，专有互补性资产、产业结构、消化吸收和学习能力的变化趋势较为复杂。

现阶段提升中国高技术产业创新质量的重点在于提高企业家创新意志强度，而非消化吸收能力。实证研究表明，对质量提升贡献最大的是企业家创新意志，最小的是消化吸收能力。这既是创新质量的阶段特征，也为区域政策制定提供了方向。现有的研究大多认为消化吸收能力利于创新，即消化吸收能力越强，创新产出越大，而政府的政策支持也更多倾向于提升产业或企业的消化吸收能力，选择引进消化吸收再创新的模式。客观上，消化吸收再创新是短期提升创新产出能力、丰富创新内容的有效工具，但过于重视引进消化吸收的作用，反而对创新质量没有显著的提升，并易于陷入"创新泛滥"的低创新质量困局，因此，现阶段还应从激励机制设计上投入更多的精力，彻底激发企业家创新活力，用更高的企业家创新意志强度去打造更高的创新质量。

（2）中国高技术产业创新质量对产业间创新驱动效应的发挥具有显著的正向影响作用，这种作用的发挥主要体现在高技术产业创新质量对中低技术产业干中学、研发和高技术产业知识溢出与中低技术产业知识产出关系的调节。采用1995年—2012年的省级面板数据实证检验得出：中国高技术产业创新质量对中低技术产业知识产出具有显著的负向作用，即高技术产业创新质量的提升不利于中低技术产业创新能力的提升，原因在于，高技术产业创新质量的提升抑制了中低技术产业干中学、研发和高技术产业知识溢出对中低技术产业知识产出的贡献，这反映出高技术产业高质量的创新还没有成为中低技术产业创新能力提升的支撑。但是，中国高技术产业创新质量对产业间创新驱动效应的发挥具有显著的正向作用，即高技术产业创新质量的提升促进了高技术产业创新对中低技术产业增长的驱动效果，原因可能在于高技术产业创新成果转移或溢出到中低技术产业后，高技术产业创新主要是通过驱动中低技术产业生产效率的提升进而带动经济的增长，并非通过驱动中低技术产业创新能力进而促进经济增长。因此，高质量的高技术产业创新成果驱动的是效率提升式经济增长，而非创新增强式经济增长。

第六章 产权制度：知识产权保护对驱动效应的影响

在上述理论分析和实证分析的基础上，本章主要考察知识产权保护制度对中国高技术产业创新驱动效果的影响。知识产权保护制度是通过影响区域知识扩散进而对区域创新与经济发展产生影响，因而，本章首先围绕知识产权保护与知识溢出间的关系展开分析，进而通过知识产权保护强度对知识溢出的影响对中国高技术产业创新驱动的效果进行深入探讨。本章主要分为以下几个部分，首先对知识产权制度与知识溢出的关系进行文献梳理和总结，其次，在前文理论模型基础上，引入知识产权保护因素，数理分析知识产权保护对创新驱动的影响，最后，对本章理论分析结果进行实证检验。

第一节 知识产权保护在产业技术创新中的作用

产权制度的确立是激励创新最持久、有效的手段。布坎南认为，凡是自愿交易，都要在某个制度下完成，制度环境决定了资源的有效使用方式。[①] 创新作为企业自发追逐利益最大化的经济活动自然也需要

---

① [美]詹姆斯·M. 布坎南：《自由、市场与国家》，平新乔等译，上海三联书店1989年版，第55页。

有效的制度激励。佛隆在其期望理论中表明，企业对创新收益的追逐取决于两方面因素：目标效价与期望概率。①，即企业实现目标所预估的价值及实现的可能性越大，该行为对其激励的力度也就越强，因此，创新者只有在预见创新行为能够为自己带来收益时，才会有强烈的创新动力。产权作为一种排他性权利，② 规定了创新者及其成果间的所属关系、明确了获取相应利益的稳定条件，更为重要的是，它能够通过社会法律、习俗以及道德约束等帮助人们形成交易的合理预期，③ 并详细表明了人与人相互交往中所必须遵守的行为准则，以及违约所造成的处罚成本。④ 在这样的制度安排下，产权的法权性与持久性为人们降低了创新风险，理性人会受到强大的创新激励以增进自身福利⑤。

依据资产形态可将产权分为三种类型：有形资产产权、无形资产产权与人力资本产权。其中，有形资产产权是指人们对实物形态物品所具有的所有权，有形资产产权制度的形成取决于资源的稀缺性。阿尔钦认为，经济学主要探究的是稀缺资源配置问题，而这个问题的实质就是对资源使用权利的安排，即产权的界定、交换以及采取形式等问题。⑥ 康芒斯也将产权视为资源稀缺性前提下的制度安排，"若一种物品数量有限，则势必不会人人都具有，此时就需要为稀有物品的所属权进行一定的设置⑦。" 而无形资产主要指没有实物形态且可辨认的

---

① 该理论的模式是：激励力 = 目标效价 × 期望概率，其中，目标效价指是直接推动或使人们采取某一行动的内驱力；期望概率是指达成目标后对于满足个人需要其价值的大小，它反映个人对某一成果或奖酬的重视与渴望程度。

② ［美］诺斯：《经济史中的结构与变迁》，陈郁、罗华平译，上海人民出版社 1994 年版，第 21 页。

③ ［美］科斯：《财产权利与制度变迁》，刘守英等译，上海三联书店 1994 年版，第 97 页。

④ Pejovich S., *The Economics of Property Rights: Towards a Theory of Comparative Systems*, Dordreehx: Kluner Academic Publishers, 1990.

⑤ 张军：《现代产权经济学》，上海三联书店 1991 年版，第 67 页。

⑥ ［美］科斯：《财产权利与制度变迁》，刘守英等译，上海三联书店 1994 年版，第 205 页。

⑦ ［美］约翰·康芒斯：《制度经济学（上册）》，赵睿译，商务印书馆 2017 年版，第 298 页。

第六章 产权制度：知识产权保护对驱动效应的影响

非货币性资产，它包括专利权、商标权、土地使用权、非专利技术、著作权、特许权等，而本书所分析的与技术创新有关的无形资产产权，即指知识产权。创新的产出既表现为实物产品，又体现在产品中蕴含的新技术，这是一种无形的知识，随着新产品、新技术的问世，许多厂商在高利润刺激下选择了模仿，在此情况下，知识的非自愿溢出迫使创新厂商支付了溢出成本，挤占了创新厂商原有的垄断利润空间，创新积极性便会受到抑制。因此，专利制度的出现旨在确保创新者对新技术的暂时拥有权，该制度明确指出，发明者对其新产品享有一定年限的垄断权，这就确保了主动创新者享有一定限度的超额利润索取权，使得私人收益率略高于社会收益率。金斯顿认为，私有产权的建立是人类"第一次在个人创造性活动与信息生产的投资上建立起联系"[1]。

有关知识产权与技术创新的作用关系一直饱受争议，至今仍未形成一个统一的认识，但无论研究结论多么丰富多样，知识产权保护制度的确立对世界各国技术进步的促进作用是学者们普遍达成的共识。随着知识经济的到来，知识产权保护制度越发成为一种国际上流行的创造特权保障制度。知识产权制度像一把开启束缚人类创造力枷锁的钥匙，为发挥人的聪明才智提供了广阔的新天地。[2] 在知识经济时代，谁拥有更多的知识产权，谁就在市场竞争中拥有足够的控制权，企业也就拥有更强的核心竞争力。[3] 基于此，本书将知识产权制度对技术创新的影响划分为两个互逆过程：对创新者垄断价值予以保护的创新激励效应与防止知识过度垄断的创新扩散效应。对作为技术创新主体的企业而言，缺乏知识产权保护显然能够抑制企业开展自主创新活动的

---

[1] Willam Kingston, *Innovation, Creativity and Law*, Dordrecht: Kluner Academic Publishers, 1990, p. 81.
[2] 刘春田：《中国知识产权二十年》，知识产权出版社1998年版，第90页。
[3] 吴桂生：《技术创新管理》，清华大学出版社2000年版，第17页。

积极性,这是因为以利润最大化为追求目标的企业研发行为受研发成本的约束,知识产权保护不足的直接影响就是增加了研发的投入成本,而间接制约了企业竞争力的提升。与此相对,过于严格的知识产权保护不利于知识的扩散和转移,对产业结构的调整和区域经济的协同发展可能造成阻碍,并可能对发展中国家的技术创新和社会福利造成负面影响。[1] 适度的知识流动与扩散会提升社会整体的创新基础,避免因知识过度封闭而造成的重复研究、过度竞争等问题。因而,不论是激励效应还是扩散效应,都应当寻求发挥的最优平衡点,谨慎利用知识产权保护制度。[2]

一 创新激励效应

激励是一种刺激,主体在刺激驱动下会从事各种有利于社会及个人利润最大化所需的活动。[3] 创新的激励效应,是指知识产权通过给予创新者合法权利(阻止或允许他人有条件地使用自己的创造成果)以不断激发其 R&D 投资动机、持续强化创新行为并最终提升技术创新能力的过程。知识产权制度的激励效应主要通过利益驱动与动力保障这两条路径得以发挥,如图 6-1 所示。

(一)利益驱动

知识具有非排他属性,R&D 投入会在一定程度上出现外溢,一个企业创新所进行的 R&D 投入会对其他企业的研发行为产生影响,当投资产生的知识成果自发地扩散到竞争者那里时,搭便车企业的 R&D 投入成本便会降低,创新企业的 R&D 投入激励也会受到抑制。[4] 知识同

---

[1] 张平:《国家发展与知识产权战略实施》,《中国发明与专利》2008 年第 8 期。
[2] [日] 富田彻男:《市场竞争中的知识产权》,廖正衡译,商务印书馆 2000 年版,第 55 页。
[3] [美] 诺斯:《西方世界的兴起》,厉以平、蔡磊译,华夏出版社 1989 年版,第 7 页。
[4] Arrow, K. J., *Economic Welfare and the Allocation of Resources for Inventions*, NJ: Princeton University Press, 1962, p. 112.

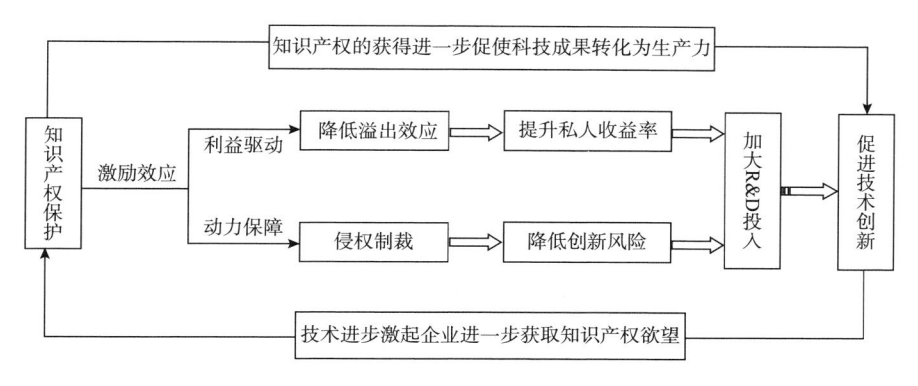

第六章　产权制度：知识产权保护对驱动效应的影响

图 6-1　知识产权制度激励效应发挥的作用机理图

时也具备非竞争属性，知识溢出的接受者为使用知识所支付的边际成本为零，发明者因无偿的成果共享而降低了预期回报，也会造成技术及知识的创新激励不足。知识产权制度是激励创新最重要、最有效的手段，它赋予了创新者对创新成果的暂时垄断权，通过影响其他企业的复制成本与传播成本以增强自身产品的排他性权利，确保了他们在有效期限内的垄断获利，这种利润不仅是对其 R&D 投入成本的补偿，也是对研发投入成功的奖励回馈。因此，知识产权制度的设置为创新者提供了部分消费者剩余，为后续的创新投入提供激励。

（二）动力保障

知识产权制度为企业技术创新提供了公平竞争的基本法律保障，具体通过专利法、商标法、著作权法以及反不正当竞争法的实施，为企业技术创新营造了一种有保障的良好法律氛围，对于侵犯知识产权的行为给予法律范围内的惩罚。这就为企业的技术创新活动开展提供了有利的动力保障。就技术创新本身而言，随着现代信息技术在产业层面的广泛普及和应用，整个产品研发流程中的信息化程度普遍提高，创新型产品中聚集着较为复杂的多样化知识，这就促成了技术创新过程的系统化特征形成，而非线性的技术创新流程就不可避免地存在阶段性的技术外溢风险，这种片断化的技术外溢通过企业经济运转机制的运行，容易使得企业研发回报低于潜在收益，挫伤企业进一步创新的积极性。介于此，知识产权制度的设立就是为了能够保障技术创新主体知识独占性的权利，这种创新独占性权利的实现显著降低了企业研发活动中的风险，尤其是能够减少竞争性企业的搭便车行为，减少道德风险对创新收益的影响，进而促进社会资本不断向创新活动活跃的企业集聚，为企业进行技术创新提供源源不断的动力与保障。

二 创新扩散效应

激励效应是知识产权制度作用于技术创新的主要体现，通过赋予创新者排他性权利以达到激励其技术创新的目的。但对技术创新的促进不仅需要"给天才之火浇上利益之油"[1]，也需要知识的适量扩散与传播。知识产权保护要求对这种专有权以适当的、公正的保护，克服私权保护不足和保护过度两种极端，在二者之间确立一个均衡状态，每一方都同时达到最大目标而且趋于持久存在。[2] 技术在扩散的过程中往往会伴随连带性创新，即通过干中学、用中学等方式在技术的使用过程中对其进一步的创新与完善，这种技术垄断的突破有助于创新竞争局面的形成，从而对新技术、新产品的完善也起到了一定的推动作用。因此，专利制度的优点就在于它不仅保护了所有者，而且还鼓励他去公开自己的发明，从而维护了科学思想的自由流动。[3] 一般情况下，知识产权制度的扩散效应主要通过优化资源配置与促进合作创新这两条路径得以发挥，如图6-2所示。

---

[1] 陈瑜：《企业技术创新的知识产权保护》，《北京理工大学学报》2002年第5期。
[2] [美] 罗伯特·考特、托马斯·尤伦：《法和经济学》，张军等译，上海三联书店1994年版，第2页。
[3] [美] W. 阿瑟·刘易斯：《经济增长理论》，梁小民译，上海人民出版社1994年版，第216页。

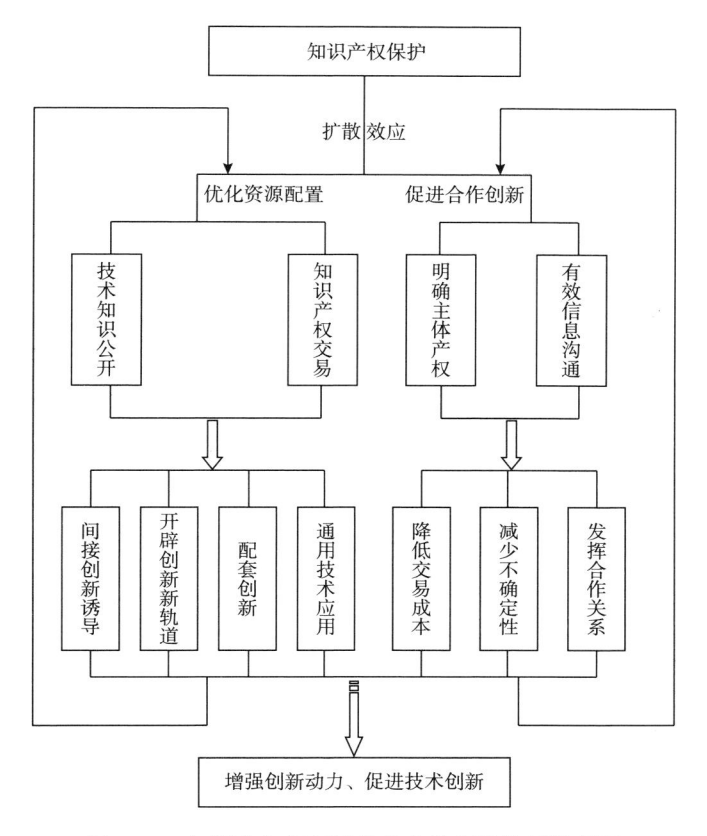

第六章　产权制度：知识产权保护对驱动效应的影响

图 6-2　知识产权创新扩散效应发挥的作用机理图

（一）优化创新资源配置

知识产权制度的建立虽然旨在保护知识财产的私有化，但制度的存在也间接促进了创新成果的社会公开化，以法律的形式公开创新成果能够避免大量的重复研发投入，这就使得创新资源利用效率得到了提升，创新要素的流动更加符合经济发展的客观规律，知识产权制度中的交易制度与公开制度，理顺了创新型产品中知识的创造着和使用者之间的关系，明晰了二者之间的权利和义务，实现了创新资源的优化配置。

知识产权的交易制度推动了创新成果的市场化、商品化发展。一方面，通过出售、许可、转让、抵押等产权变动方式改变着知识资源在不同主体间的配置，促使资源在交易流动过程中不断实现资源有效利用与最优配置；另一方面，创新型产品的知识创造者在商品流通过程中不断获取知识产权使用的回报，使其得到超额的利润，并转化为下一轮技术创新的资金投入，进入良性循环。

知识产权的公开制度促进创新资源优化配置的另一条途径在于迫使私有性创新知识的公共化。在知识产权制度保护范围内的创新型产品知识拥有者需要公开产品的信息、技术、方案等内容，这就为公众了解创新型知识提供了机会，使得跟随型、繁衍型创新相继出现，这主要体现在以下两个方面：一是创新型产品内部知识、技术信息的公共化具有直接的溢出效应。公开的创新原理能够为产业内不同类型的企业提供可实现的创新思路，并为产业外提出了延展性创新的方向；二是私人创新型知识的公共化为重大创新、根本性创新奠定了基础。随着创新复杂性、系统性和高风险性特征的不断显现，具有颠覆性、根本性的创新成果越来越难以形成。这是因为根本性创新成果的出现越来越依靠跨学科、跨产业知识的集成，在具有系统特征的创新成果生产过程中，任何一个环节的知识搜寻和获取出现脱节，很有可能使得整个创新项目面临巨大风险，造成创新资源的非合理化配置。而以知识产权制度为基础的公共化知识行为能够提升知识搜寻和获取的概率，这就有益于创新资源的优化配置。

（二）促进合作创新

创新作为一个系统工程，是一个由多主体、多要素共同参与的集合。目前，从产业创新系统、区域创新系统、国家创新系统到产学研创新的方式都在发生变化，总的变化趋势是更加强调不同创新主体间的研发合作，包括横向的分工与纵向的合作。[①] 本书认为知识产权制度

---

① 罗炜、唐元虎：《企业合作创新的原因与动机》，《科学研究》2001年第3期。

对合作创新的促进作用主要体现为以下两点：①知识产权制度给予创新主体更多的研发合作选择。作为一种制度安排，知识产权本质上是明确了利益相关方的产权界线，使得合作研发的参与各方能够在一个共同的法律制度框架内，根据各自的偏好、投入和预期去承担相应的责任。在这种统一框架的创新要素和成果流动机制下，各创新主体能够通过市场机制更好地发挥合作研发的优势以及实现各主体经济权利的合法转移。②知识产权制度显著促进了研发合作创新中的知识、信息有效沟通。在多主体合作研发过程中，由于不同主体间共享敏感性知识的愿望和知识异质性的差别，容易引起合作主体间创新成果和利益分割的冲突，[1] 这种主体间的矛盾形成了研发过程中各个环节的交易费用。而知识产权制度的建立能够有效降低不同创新系统内部各主体间的交易费用，这是因为知识产权制度能够以法律的形式规范各参与主体的研发合作行为，具有显著的降低研发合作行为的不确定性和交流过程的信息成本，通过以知识产权制度为基础的研发合作，利益相关方能够更有效率地进行知识搜寻和知识利用，能够更准确地把握创新的趋势和方向。

第二节　知识产权保护对创新驱动效应影响的经济学分析

一　知识产权保护的微观分析

本部分主要分析两部门平衡增长路径上的特定时刻，高、中低技

---

[1] Cyert, Richard M. and Goodman, Paul S., "Creating Effective University-Industry Alliances: An Organizational Learning Perspective", *Organizational Dynamics*, Vol. 8, No. 37, 1997, p. 112.

术部门竞争性厂商的产品均衡价格、两部门消费者收入及其效用最大化的问题。分析高技术部门对中低技术部门知识溢出影响因素对厂商和消费者行为产生的冲击。

（一）两部门厂商行为

在两部门平衡增长路径上，为了分析 t 时刻高、中低技术部门厂商行为，我们只考虑人力资本一种投入要素，并且将知识存量 A_h 和 A_l 设定为外生变量。因此，两部门厂商生产函数分别为：

$$Y_h = (1 - b_h) \cdot G(E_{hp}) A_h L_h \tag{6.1}$$

$$Y_l = (1 - b_l) \cdot G(E_{lp}) A_l L_l \tag{6.2}$$

高技术厂商生产高技术产品的价格为 p_h，中低技术部门生产低技术产品的价格为 p_l。两部门的生产成本主要给投入劳动的工资 w（单位劳动报酬），两部门厂商生产决策满足利润最大化，即 $\max(\pi_h - P_h Y_h - w_h L_h)$ 与 $\max(\pi_l - P_l Y_l - w_l L_l)$。由于市场是竞争性的，所以两部门的平均工资分别为劳动的边际产品价值：

$$w_h = \frac{\partial Y_h}{\partial L_h} = P_h \cdot (1 - b_h) \cdot G(E_{hp}) A_h \tag{6.3}$$

$$w_l = \frac{\partial Y_l}{\partial L_l} = P_l \cdot (1 - b_l) \cdot G(E_{lp}) A_l \tag{6.4}$$

（二）两部门消费者竞争性均衡

两部门四类消费者采用相同的 CES 效用函数 $u(Y_h, Y_l) = (Y_h^\rho + Y_l^\rho)^{\frac{1}{\rho}}, 0 \neq \rho < 1$。

因此，高技术部门消费者对两类产品的需求为：

$$Y_h^h = \frac{P_h^{1/(\rho-1)} \cdot y_h}{P_h^{\rho/(\rho-1)} + P_l^{\rho/(\rho-1)}} ; \quad Y_l^h = \frac{P_l^{1/(\rho-1)} \cdot y_h}{P_h^{\rho/(\rho-1)} + P_l^{\rho/(\rho-1)}}$$

中低技术部门消费者对两类产品的需求为：

$$Y_h^l = \frac{P_h^{1/(\rho-1)} \cdot y_l}{P_h^{\rho/(\rho-1)} + P_l^{\rho/(\rho-1)}} ; \quad Y_l^l = \frac{P_l^{1/(\rho-1)} \cdot y_l}{P_h^{\rho/(\rho-1)} + P_l^{\rho/(\rho-1)}}$$

第六章 产权制度：知识产权保护对驱动效应的影响

其中，Y_h^h 和 Y_l^h 分别为高技术部门消费者对高技术产品和中低技术产品的需求量，Y_h^l 和 Y_l^l 分别为中低技术部门消费者对高技术产品和中低技术产品的需求量，上标代表消费者类型，下标代表产品类型。y_h 和 y_l 分别为高技术部门消费者和中低技术部门消费者的收入。并且，$Y_h = Y_h^h + Y_h^l$，$Y_l = Y_l^h + Y_l^l$，$y = y_h + y_l$，y 为整个经济体消费者收入。

通过 Y_h、Y_l 和 y 之间的关系，我们可以得到：

$$\frac{P_h}{P_l} = \left(\frac{Y_h}{Y_l}\right)^{\rho-1} \tag{6.5}$$

利用式（6.3）、（6.4）和（6.5）得：

$$\frac{w_h}{w_l} = \left(\frac{Y_h}{Y_l}\right)^{\rho} \cdot \frac{1-a}{a} \tag{6.6}$$

在式（6.6）中，a 为高技术部门劳动总数占整个经济体的比例。由上述分析可知，两部门平衡增长率与就业结构无关，即 Y_h/Y_l 的大小与就业结构无关。因此可知，在静态均衡中，高、中低技术部门单位劳动的报酬之比与 $(1-a)/a$ 成正相关关系，即高技术部门就业占总就业的比重越小，两部门边际劳动报酬越大。

进一步，我们假设 $t = T$，可将式（6.5）和（6.6）改写为：

$$\frac{P_h(T)}{P_l(T)} = \left[\frac{Y_h(0)}{Y_l(0)}\right]^{\rho-1} \cdot e^{\frac{2\theta n\psi(1-\rho)}{(1-\theta)^2} \cdot T} \tag{6.7}$$

$$\frac{w_h(T)}{w_l(T)} = \frac{1-a}{a} \cdot \left[\frac{Y_h(0)}{Y_l(0)}\right]^{\rho} \cdot e^{-\frac{2\theta n\psi\rho}{(1-\theta)^2} \cdot T} \tag{6.8}$$

通过式（6.7）和式（6.8）可以发现，$\psi = 0$，高技术与中低技术产品价格之比不变，两部门的边际劳动报酬之比只随 a 的变化而变化；$\psi \neq 0$，两部门产品价格之比随着 ψ 的增大而变大，两部门边际劳动报酬随着 ψ 的增大而缩小，即中低技术部门知识生产中的高技术部门知识溢出贡献越大，高技术产品与中低技术产品的价格差距越大，两部门的边际劳动报酬差距越小。

因此，在完全竞争市场，知识溢出系数 ψ 对两部门产品价格和边际劳动报酬的影响不同，$\psi = 0$，两部门价格之比和边际劳动报酬之比不变，$\psi \neq 0$，其价格之比随 ψ 的增大而变大，劳动边际报酬之比随 ψ 的增大而缩小。ψ 不变，高技术部门就业量占整个经济体就业比重越小，边际劳动报酬之比越大。

二 知识产权保护对平衡增长路径的冲击

正如上文所述，影响高技术部门对中低技术部门知识溢出的因素主要有三类，并且知识本身的非竞争性使得知识溢出广泛的存在，但是知识的排他性却因产权制度的不同而有所差别。对本模型中的高、中低技术厂商而言，知识产权保护意味着中低技术要获得高技术知识是需要成本的，知识产权保护力度越大，中低技术部门成本越高，同时，知识产权保护力度越强，知识溢出影响系数 ψ 越小。

在不存在知识产权保护制度的经济里，两部门厂商竞争性均衡时的产品价格和消费者效用与两部门的就业结构密切相关，知识溢出系数 ψ 的改变不影响两部门的生产和消费，因为改变 ψ 不需要中低技术部门支付知识使用费，两部门人员的交流加强、产业集中程度较大、技术关联度更紧密都能增加两部门的知识溢出。如果在两部门平衡增长的某个时刻，引入知识产权保护制度，这相当于将中低技术部门厂商的收益转移给高技术部门，由于产品的价格是市场竞争决定的，两部门厂商收益的改变，使得两部门投入的生产要素报酬改变。例如，在 $t = T$ 时刻引入知识产权保护制度，瞬间就降低了 ψ 的影响，中低技术部门要想恢复到新制度设立之前的生产状态，需要支付专利使用费 P_p（每生产一单位中低技术产品所支付的专利价格），在产品价格不变的情况下，专利制度增加了中低技术部门的生产成本，增加了高技术产品的收益。短期内，就业结构以及各部门的教育程度不容易改变，因此，两部门人员的收入就发生相应的改变，使得高技术部门员工得

第六章 产权制度：知识产权保护对驱动效应的影响

到更高的劳动报酬，中低技术部门生活质量降低。在长期，如果更高的收入意味着能够接受更好的教育，那么，专利制度改变利益分配，促使高技术部门获得更好的教育，对整个高技术部门平衡增长的影响就如图 3-1 所示，发生了"跳跃"，改变了平衡增长路径，拓宽了整个经济体的知识空间，同时也增加了对中低技术部门知识溢出的潜力。但对中低技术部门而言，生活水平降低抑制了中低技术部门生产和研发的积极性，进一步影响"干中学"和 R&D 研发的效果。

既然知识产权保护对高、中低技术部门收益和员工生活水平有明显的影响，那么，对整个经济体而言，知识产权保护对高技术部门创新驱动效应的发挥有什么影响呢？

结合上部分的讨论，我们知道，高技术部门创新对中低技术部门经济增长的驱动指数 HDLI 随着 ψ 的增大而增大。严格的知识产权保护限制了 ψ，不利于发挥高技术创新对中低技术部门的驱动作用。但是，严格的知识产权保护对高技术部门知识创新有激励作用，有利于拓宽整个经济体的知识空间，增加了对中低技术部门知识溢出的潜力。具体分析如图 6-3 所示：

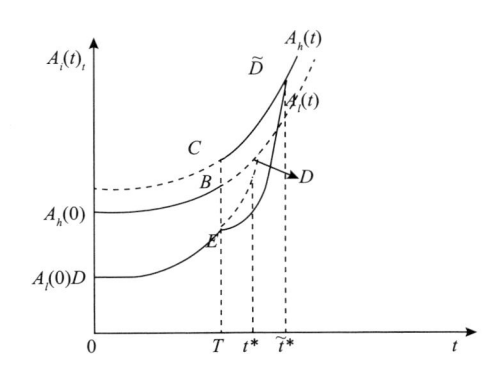

图 6-3 知识产权保护对平衡增长路径的冲击

在两部门平衡增长过程中，不改变知识产权保护力度，高技术部门对中低技术部门知识溢出以固定的系数 ψ 驱动中低技术部门的经济增长，在理论上的 t^* 时刻，两部门完成产业融合，即图 6-3 中的 D

点，此时，整个经济体没有高、中低技术部门之分，整个经济体中生产的产品都是整个经济体知识存量的集中体现，在任意一种产品的生产过程中，最新的知识在生产的各个环节自由流动，从航空航天到农产品生产都是各个领域最新的知识创新成果，也恰好是市场选择的结果。如果在 T 时，改变知识产权保护力度，限制了知识溢出自由程度，由于利益重新分配，高技术部门"跳跃"到更高的知识积累路径上，即从 B 点"跳跃"到 C 点，通过知识产权保护获得的利益分配改善了高技术部门教育程度，激励了知识创新的发生，拓宽了整个经济体的知识空间。同时，中低技术部门改变了知识积累路径，减慢了向高技术部门融合的步伐，即在 E 点发生路径弯折，新的融合点由 D 点推迟到 $\tilde{t}^*$ 时的 $\tilde{D}$ 点，并且，在严格知识产权保护的同时，降低了中低技术部门的经济增长速度，高技术创新驱动的短期效应减弱。另外，随着知识产权保护力度的加强，ψ 变小意味着高技术与中低技术产品的价格之比变小，两部门劳动边际报酬之比变大。

因此，在两部门平衡增长路径上，加强知识产权保护力度，能够激励高技术部门知识创新，拓宽整个经济体知识积累量，但是减弱了高技术部门对中低技术部门的驱动效果。严格知识产权保护减缓了中低技术部门向高技术部门融合的步伐。严格的知识产权保护拉大了两部门劳动边际报酬的差距，缩小了产品价格差距。

第三节 知识产权保护对创新驱动效应影响的实证分析

一 提出假设

本章提出如下几条假设：

（1）知识产权保护对中低技术产业知识产出是否具有显著作用。

第六章　产权制度：知识产权保护对驱动效应的影响

假设 H1a：知识产权保护对中低技术产业知识产出具有正向作用；

假设 H1b：知识产权保护对中低技术产业知识产出具有负向作用。

（2）知识产权保护对高技术产业知识溢出与中低技术产业创新绩效关系的调节作用。

假设 H2a：知识产权保护对高技术产业知识溢出与中低技术产业创新绩效关系起正调节作用。

假设 H2b：知识产权保护对高技术产业知识溢出与中低技术产业创新绩效关系起负调节作用。

（3）知识产权保护对中低技术产业干中学与创新绩效关系的调节作用。

假设 H3a：知识产权保护对中低技术产业干中学与中低技术产业创新绩效关系起正调节作用。

假设 H3b：知识产权保护对中低技术产业干中学与中低技术产业创新绩效关系起负调节作用。

（4）知识产权保护对中低技术产业研发与创新绩效关系的调节作用。

假设 H4a：知识产权保护对中低技术产业研发与中低技术产业创新绩效关系起正调节作用。

假设 H4b：知识产权保护对中低技术产业研发与中低技术产业创新绩效关系起负调节作用。

二　构建计量模型

在上一章模型设定基础上，本章继续采用面板数据模型进行回归估计，重点考察引入知识产权保护变量后，其他解释变量对被解释变量的变化情况。继续采用 Hausman 检验来进行面板模型的设定，来确定选取固定效应模型或随机效应模型。固定效应模型不需要对截距项的个体独立问题进行假定，但为了增加回归结果的可信度，本文同时报告固定效应和随机效应结果，Hausman 检验支持哪种模型，HDLI 的计算会以检验支持的模型回归结果为依据。本书采用的回归模型如下：

$$\ln YAL_{it} = a + \phi \ln LBD_{it} + \theta \ln LRD_{it} + \psi \ln HKS_{it} + \beta_1 \ln HIQ_{it} +$$
$$\beta_2 \ln IP_{it} + \beta_3 \ln HKS_{it} \times \ln IP_{it} + \beta_4 \ln LBD_{it} \times \ln IP_{it} +$$
$$\beta_5 \ln LRD_{it} \times \ln IP_{it} + u_{it}$$

其中，YAL_{it}——中低技术产业知识产出（被解释变量）；LBD_{it}——中低技术产业干中学；LRD_{it}——中低技术产业 R&D 研发；HKS_{it}——高技术产业知识溢出；HIQ_{it}——高技术产业创新质量；IP_{it}——知识产权保护强度。为了考察知识产权保护对知识溢出、研发和干中学与中低技术产业创新绩效的调节作用，模型分别引入了知识产权保护与中低技术产业干中学、研发和高技术产业知识溢出的交互项，即 $\ln IP_{it} \times \ln LBD_{it}$、$\ln IP_{it} \times \ln LRD_{it}$ 和 $\ln IP_{it} \times \ln HKS_{it}$。

本模型变量的选取与上一章基本一致。其中，被解释变量为中低技术产业知识产出（或创新绩效），采用当年中低技术产业专利申请量度量；解释变量中的中低技术产业干中学、研发和高技术产业知识溢出与上一章的设定一致；本章采用指标体系方法综合测度实证中最主要的变量——知识产权保护，具体过程见下一节。

三 知识产权保护度量

知识产权保护会对知识技术特征差异明显的高技术和中低技术产业互动发展产生重要影响[①]。由于知识产权保护强度涉及立法、司法和执法等环节，难以直接衡量，现有研究大多通过构建指标体

---

① 庄子银：《知识产权、市场结构、模仿和创新》，《经济研究》2009 年第 11 期。

第六章 产权制度：知识产权保护对驱动效应的影响

系进行综合评价。本书沿用许春明等[①]构建的中国知识产权保护强度指标体系，采用 Ginarte-Park 方法测算中国知识产权立法强度时间序列。知识产权执法强度包括司法保护水平、行政保护水平、经济发展水平、社会公众意识和国际监督五个方面，具体指标和计算过程如下：

知识产权保护强度应是该国知识产权保护立法强度与执法强度的乘积，即 $IP(t) = L(t) \times E(t)$，$L(t)$ 表示 t 时刻的知识产权立法强度，$E(t)$ 表示 t 时刻的知识产权执法强度。因此，可构建如图 6-4 所示的知识产权指标体系。

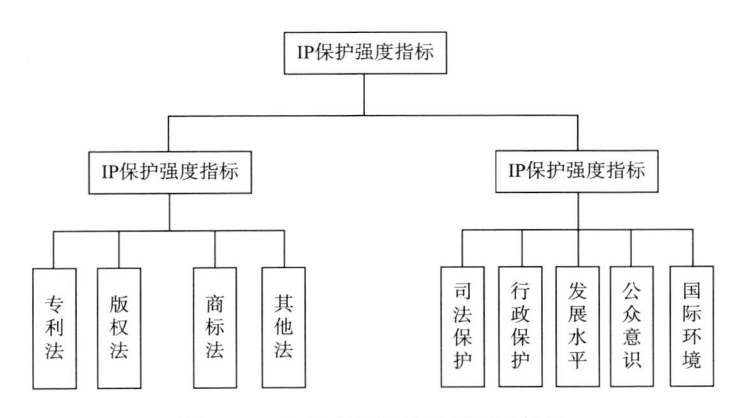

图 6-4 知识产权保护强度指标体系

资料来源：许春明，单晓光. 中国知识产权保护强度指标体系的构建及验证 [J]. 科学学研究，2008。

根据许春明等指标数据选取方法，结合上述知识产权保护指标体系，可以算出 1995—2012 年间中国各省（市）知识产权保护强度，表 6-1 显示出了 18 年间中国各省（市）知识产权保护强度和均值。

[①] 许春明、单晓光：《中国知识产权保护强度指标体系的构建及验证》，《科学学研究》2008 年第 4 期。

表 6 – 1　　　　　1995—2012 年中国各省（市）知识产权保护强度（IP）均值及排名

地区	IP 强度	排名	地区	IP 强度	排名	地区	IP 强度	排名
北京	3.1478	1	浙江	2.6172	5	海南	2.3339	13
天津	2.7844	3	安徽	2.2128	22	重庆	2.2950	18
河北	2.3156	16	福建	2.4922	8	四川	2.1839	24
山西	2.3728	12	江西	2.2533	21	贵州	2.0306	27
内蒙古	2.2883	19	山东	2.4428	9	云南	2.1656	25
辽宁	2.5667	6	河南	2.3061	17	陕西	2.2861	20
吉林	2.4094	11	湖北	2.3294	14	甘肃	2.0717	26
黑龙江	2.4411	10	湖南	2.3239	15	青海	1.7472	30
上海	3.1428	2	广东	2.6500	4	宁夏	1.8978	29
江苏	2.5128	7	广西	2.1967	23	新疆	2.0133	28

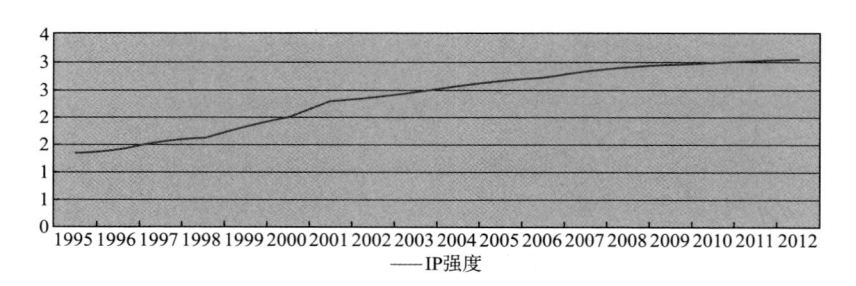

图 6 – 5　中国知识产权保护强度均值动态变化

综合来看，1995—2012 年间中国各省（市）知识产权保护强度均值呈现出三个显著的特点：一是，知识产权保护强度均值的地区差异不大。正如表 6 – 1 所示，北京知识产权保护强度均值最大，为 3.1478，而青海的知识产权保护强度均值最小，为 1.7472，两者相差不太大，并且全国大部分地区的知识产权保护强度都在 2 到 3 之间；二是，知识产权保护强度均值排名与地方经济绩效基本一致。从表 6 – 1 中可以看出，知识产权保护强度均值排名较高的地区往往都是经济实力比较强的地区，而知识产权保护强度均值排名较低的地区一般经济

第六章 产权制度：知识产权保护对驱动效应的影响

发展水平也较低；三是，知识产权保护强度均值呈逐年递增趋势。正如图 6-5 所示，中国知识产权保护强度均值从 1995 年的 1.3577，逐年增长到 2012 年的 3.0290，表明中国知识产权保护意识和执行力度每年都在提升。

四 回归结果分析

（一）基本回归结果

仿照高技术产业创新质量研究的回归方法，继续以 Hausman 检验的结果来进行固定效应和随机效应模型的选择，模型 3、模型 4、模型 5 和模型 6 分别以不同的方式将交互项引入回归模型，部分模型报告固定效应和随机效应的回归结果（表 6-2）。

①知识产权保护与中低技术产业知识产出的关系具有显著的负向关系。模型 2、模型 3、模型 4、模型 5 和模型 6 的 Hausman 检验结果都支持固定效应模型，并且，5 个模型的固定效应结果都在 1% 的显著性水平下拒绝原假设。结果表明，在过去的 18 年间，中国知识产权保护强度对中低技术产业知识产出具有显著的抑制作用，其原因可能在于，随着中国知识产权保护强度变大，使得中低技术产业获得外部知识的成本增加，降低了中低技术产业知识产出的规模和效率。因此，从中国整体宏观层面看来，在高、中低技术产业间创新驱动效应发挥过程中，适当降低知识产权保护强度能够对中低技术产业创新能力的提升起到一定程度的促进作用。

②知识产权保护对中低技术产业干中学与中低技术产业知识产出的关系具有显著的负向调节作用。模型 3 的固定效应和模型 6 的固定效应与随机效应结果一致显示出，知识产权保护与中低技术产业干中学的交互项系数显著为正（$P<0.01$，模型 3 固定效应系数 0.3055，模型 6 固定效应系数 0.1982 和随机效应系数 0.2072），而中低技术产业

干中学的单独变量系数显著为负（P<0.01，模型3的固定效应系数 -0.0306），即随着知识产权保护强度的下降，中低技术产业干中学效应对中低技术产业知识产出的贡献变大，而知识产权保护越大，中低技术产业干中学效应对中低技术产业知识产出的贡献越小。结果表明，中国知识产权保护强度提高抑制中低技术产业知识产出的一种传导方式，就是降低了中低技术产业干中学的知识创新效应。原因可能在于，随着知识产权保护强度的提高，中低技术产业获取创新性知识的机会和成本都发生了改变，使得中低技术产业生产技术人员干中学过程中的学习、模仿或改进机会减少或滞后，由于知识获取和学习滞后于市场需求，抑制了中低技术产业的创新积极性，进而降低了干中学在中低技术产业知识生产中的贡献，在模型1和模型3中，引入知识产权保护变量以后，干中学系数由0.1314（见表6-2模型1固定效应）下降为-0.0306（见表6-2模型3固定效应）正好印证了本文的理论解释。

③知识产权保护对中低技术产业R&D研发与中低技术产业知识产出具有显著的负向调节作用。模型4的固定效应和模型6的随机效应结果表明，知识产权保护与中低技术产业R&D研发的交互项系数显著为正（P<0.01，模型4的固定效应系数0.3278，模型6的随机效应系数0.1556），但中低技术产业R&D研发系数显著为负（P<0.01，模型4的固定效应系数-0.0656），这表明随着中国知识产权保护强度的下降，中低技术产业R&D研发对中低技术产业知识产出的贡献越大，而知识产权保护强度越大，中低技术产业R&D研发对中低技术产业知识产出的贡献越小。与上述干中学分析同理，对中国中低技术产业知识产出而言，知识产权保护强度提高并没有提升中低技术产业R&D研发能力，反而使得中低技术产业R&D研发在知识产出中的贡献下降，这在模型1（R&D研发固定效应系数为0.1485）和模型4（R&D研发固

第六章 产权制度：知识产权保护对驱动效应的影响

定效应系数为 -0.0656）中的数据对比中可以得到支持。因此，在创新驱动战略实施过程中，知识产权保护政策的制定和完善需要考虑产业技术属性的差异，不同技术水平产业内和产业间的知识产权保护强度需求是不同的，本节结论可以为知识产权保护政策制定提供产业间的理论和实证依据。

④知识产权保护对高技术产业知识溢出与中低技术产业知识产出的关系具有显著的正向调节作用。模型 5 的固定效应结果表明，知识产权保护与高技术产业知识溢出的交互项系数显著为正（P<0.01，模型 5 的固定效应系数 0.2414），并且模型 5 的高技术产业知识溢出显著为正（P<0.01，模型 5 的固定效应系数 0.0716），即随着知识产权保护强度的增大，高技术产业知识溢出对中低技术产业知识产出的贡献越大，而知识产权保护越小，高技术产业知识溢出对中低技术产业知识产出的贡献越小。这表明中国知识产权保护有利于高、中低技术产业间的知识转移、扩散和消化吸收，严格的知识产权保护制度虽然增加了中低技术产业高层次知识搜寻和应用的成本，但是激励了有创新需求的中低技术企业提高溢出知识的学习和转化效率，提升了高技术产业知识对中低技术产业知识生产的贡献度。

表 6-2　　　　中国中低技术产业知识产出因素分析

变量	模型1 固定	模型2 固定	模型2 随机	模型3 固定	模型4 固定	模型5 固定	模型6 固定	模型6 随机
$LnLBD$	0.1314* (3.919)	0.1497* (4.4198)	0.1372* (3.7121)	-0.0306 (-0.9184)	0.1245* (4.0635)	0.1289* (4.0863)	0.0233 (0.5739)	-0.0132 (-0.2981)
$LnLRD$	0.1485* (3.637)	0.1805* (4.3473)	0.1997* (4.3963)	0.1045* (2.8560)	-0.0656 (-1.6442)	0.1672* (4.4658)	0.0356 (0.6433)	0.0898 (1.4327)
$LnHKS$	0.3240* (15.69)	0.3334* (16.0019)	0.3550* (14.3906)	0.2422* (11.7364)	0.2577* (12.6857)	0.0716** (2.3515)	0.2367* (5.9921)	0.2661* (6.5917)
$LnHIQ$	-0.0800* (-3.960)	-0.0730* (-3.5496)	-0.0444** (-1.8050)	0.0010 (0.0537)	-0.0106 (-0.5595)	-0.0181 (-0.9391)	-0.0006 (-0.0316)	0.0208 (0.9135)

续表

变量	模型1 固定	模型2 固定	模型2 随机	模型3 固定	模型4 固定	模型5 固定	模型6 固定	模型6 随机
LnIP		-0.3015* (-3.3870)	-0.3913* (-3.9355)	-4.5369* (-14.310)	-3.8820* (-14.180)	-1.0104* (-9.9432)	-4.3777* (-8.6977)	-4.8667* (-8.8679)
LnLBD×LnIP				0.3055* (13.6148)			0.1982* (3.6081)	0.2072* (3.8339)
LnLRD×LnIP					0.3278* (13.6587)		0.1195 (1.6052)	0.1556** (2.0291)
LnHKS×LnIP						0.2414* (12.1994)	0.0111 (0.2699)	-0.0285 (-0.6932)
C	2.6413* (9.493)	2.1767* (6.8264)	2.1877* (6.1831)	6.0538* (14.887)	5.6702* (14.6472)	3.6212* (11.6296)	6.0634* (12.9599)	5.9602* (12.4119)
模型	FE	FE	RE	FE	FE	FE	FE	RE
R^2	0.9754	0.9759	0.8857	0.9818	0.9814	0.9803	0.9819	0.9085
Hausman P值		0.0000					0.0000	
观测数	540	540	540	540	540	540	540	540
HDLI	1.4500	1.4978	1.5353	1.2615	1.2738	1.1018	1.2515	1.2882

注:"*"、"**"和"***"分别表示在1%、5%和10%的显著性水平下拒绝原假设,下表同。

(二) 稳健性检验

沿用上一章稳健性检验的思路和方法,解决由于中低技术产业知识生产与干中学投入和R&D研发投入的双向因果关系所产生的内生性问题,为使模型估计结果更加有效。模型7、模型8和模型9的被解释变量采用T+1期的中低技术产业专利申请量,模型10、模型11和模型12的被解释变量采用T+1期的中低技术产业新产品产值。

正如表6-3中模型7、模型8和模型9所示,被解释变量T+1期回归结果显示,不论哪种交互项引入回归模型,知识产权保护对中低技术产业知识产出有显著的负向影响(P<0.01,固定效应系数分别为-4.6730、-4.0753和-1.1706),而知识产权保护与中低技术产业

第六章 产权制度：知识产权保护对驱动效应的影响

干中学乘积系数显著为正（P＜0.01，固定效应系数为0.3105），知识产权保护与中低技术产业R&D研发乘积系数显著为正（P＜0.01，固定效应系数为0.3394），且知识产权保护与高技术产业知识溢出的乘积也显著为正（P＜0.01，固定效应系数为0.2620）。模型10、模型11和模型12以T+1期的中低技术产业新产品产值为因变量，回归结果显示，知识产权保护对中低技术产业知识产出具有显著的负向影响（P＜0.01，固定效应系数分别为-2.5579、-1.8340和-0.9988），并且知识产权保护与干中学、研发和高技术产业知识溢出的交互项也都在1%显著性水平下显著，系数也都为正。总之，稳健性结果再次表明，知识产权保护对中低技术产业知识产出具有负向作用，且知识产权保护对中低技术产业知识产出与干中学、研发和知识溢出关系也具有负向调节作用。检验结果支持本章假设H1b、H2b、H3b和H4a。

表6-3　　　　　　　　　稳健性检验回归结果

变量	被解释变量：YAL（T+1期专利申请量）			被解释变量：YAL（T+1期新产品产值）		
	模型7	模型8	模型9	模型10	模型11	模型12
LnLBD	-0.0971** (-2.5588)	0.0952* (2.8446)	0.1025* (3.0324)	1.0792* (28.0792)	1.1507* (32.9018)	1.1569* (33.0146)
LnLRD	0.1270* (3.4129)	-0.0807** (-1.9947)	0.1877* (5.0312)	-0.0908** (-2.5428)	-0.1224* (-3.0996)	-0.0570 (-1.5560)
LnHKS	0.2601* (12.1529)	0.2657* (12.5494)	0.0410 (1.2903)	-0.0648* (-2.9895)	-0.0515** (-2.4010)	-0.0839** (-2.4676)
LnHIQ	-0.0199 (-0.7790)	-0.0113 (-0.4471)	0.0048 (0.1931)	0.0930* (3.5158)	0.0945* (3.5134)	0.0977* (3.6055)
LnIP	-4.6730* (-14.2574)	-4.0753* (-14.5460)	-1.1706* (-11.6573)	-2.5579* (-7.1285)	-1.8340* (-6.0272)	-0.9988* (-9.9831)
LnLBD × LnIP	0.3105* (13.2578)			0.1239* (4.8574)		
LnLRD × LnIP		0.3394* (13.7015)			0.0888* (3.2919)	

续表

变量	被解释变量：YAL（T+1期专利申请量）			被解释变量：YAL（T+1期新产品产值)		
	模型7	模型8	模型9	模型10	模型11	模型12
Ln*HKS* × Ln*IP*			0.2620* (12.8131)			0.0474** (2.2774)
C	6.5379* (14.8719)	6.1421* (15.2004)	3.8768* (12.2718)	-9.5356* (-22.0664)	-10.2157* (-25.5525)	-10.9176* (-34.7154)
模型	FE	FE	FE	FE	FE	FE
R^2	0.9828	0.9823	0.9821	0.9884	0.9885	0.9883
Hausman P 值	0.0000	0.0000	0.0000	0.0003	0.0006	0.0003
观测数	510	510	510	510	510	510

五 知识产权保护对 HDLI 的影响

（一）基于中国整体以及区域的变化

实证结果（表6-2）显示，知识产权保护引入回归模型后，中低技术产业干中学、研发和高技术产业知识溢出系数都发生了相应变化，上文中低技术产业知识产出因素分析也证实了中国知识产权保护与中低技术产业知识产出的负向关系，但是，由产业间创新驱动指数 HDLI 的理论内涵可知，产业间创新驱动效果是中低技术产业干中学、R&D 研发和高技术产业知识溢出系数的函数，并且是非线性关系（$HDLI = 1 + \psi/(1 - \theta - \phi)$）。因此，知识产权保护强度对中低技术产业干中学、R&D 研发和高技术产业知识溢出与中低技术产业知识产出的关系具有负向调节作用的实证结论，并不能证明知识产权保护与 HDLI 之间是何种相关关系。进一步对表6-2相关变量系数的选取和计算，可以得出不同模型估计下的 HDLI 大小。

通过计算引入知识产权保护变量后的 HDLI 可知：过去的18年间，中国知识产权保护制度虽然对中低技术产业知识产出有显著的负向作

第六章 产权制度:知识产权保护对驱动效应的影响

用(表6-2),但知识产权保护制度增强了中国高、中低技术产业间的创新驱动效应,基于模型1和模型2的回归系数可以算出,在引入知识产权保护后,HDLI 由 1.4500 提升至 1.4978,即在知识产权保护制度条件下,中国高技术产业创新增长 1%,能够驱动中低技术产业经济增长 1.4978%。知识产权保护强度之所以能够对中低技术产业知识产出和产业间 HDLI 的相反影响,其原因在于知识产权保护对不同解释变量的调节作用差异。上文实证结果表明,知识产权保护对中低技术产业干中学、R&D 研发与中低技术产业知识产出的关系起负向调节作用,但对高技术产业知识溢出与中低技术产业知识产出的关系起正向调节作用,这种解释变量间较为复杂的正负变动关系体现了高、中低技术产业间内在创新驱动机制的运转,结果使得产业间创新驱动效应得到了增强。知识产权保护对中低技术产业知识产出和 HDLI 的不同影响,也间接反映出中国中低技术产业主要靠应用高技术产业创新成果来提升生产效率,而并非靠高技术产业的溢出知识来提高创新效率。这在某种程度能够为知识产权保护政策制定提供一些方向或思路,在中国现存的产业发展格局下,较高的知识产权保护强度不利于中低技术产业创新能力的提升,但有利于产业间创新驱动效应的发挥,较低的知识产权保护强度能够促进中低技术产业创新能力,但会降低产业间的创新驱动效果。

从区域 HDLI 的变化来看(图6-6),知识产权保护对不同区域 HDLI 的影响是有差异的,但影响不大。考虑知识产权保护因素后,东部和中部地区 HDLI 有略微上升,HDLI 分别从 1.4429 和 1.5392 提升至 1.4978 和 1.6123,而西部地区有所下降,从 1.3695 下降至 1.2853。表明东部和中部的知识保护强度能够显著促进产业间创新驱动效应的发挥,而西部地区的知识产权保护强度制约了产业间创新驱动效应发挥。因此,知识产权保护强度的改变要充分考虑区域的差异,否则容易造成与政策预期相反的结果。

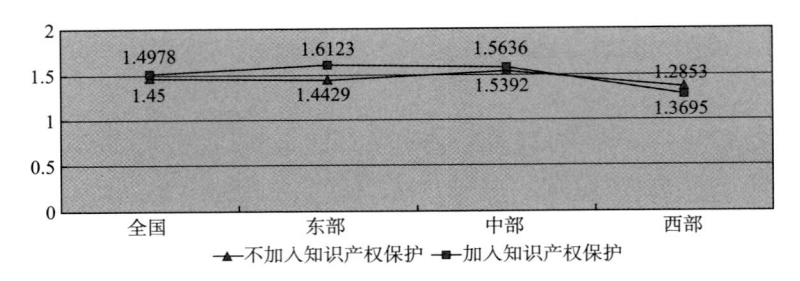

图 6-6 知识产权保护强度对区域 HDLI 的影响

（二）基于中国省际的 HDLI 变化

中国各省（市）HDLI 的测度结果（表 6-4）表明，加入知识产权保护因素后，中国各省（市）HDLI 以及产业间互动发展模式部分发生了相应的变化，根据中国各地 HDLI 的变化，可将知识产权保护的影响分为四类：①知识产权保护对 HDLI 正向影响大的地区。该类地区在知识产权保护引入后，HDLI 提升超过 50%，包括山西、黑龙江、安徽、广西、陕西和青海等 6 个省份，其中，青海和广西的 HDLI 变化幅度最大，分别由 0.3296 和 0.7835 提升至 1.3392 和 1.9445，这两个地区的高、中低技术产业间互动发展模式也从发散式转变为收敛式；②知识产权保护对 HDLI 正向影响小的地区。该类地区的 HDLI 变化率小于 50%，包括辽宁、江苏、浙江、福建、江西、河南、湖南、重庆、四川、贵州、甘肃、宁夏和新疆等 13 个地区，其中，湖南和贵州的高、中低技术产业间互动发展模式受知识产权保护影响较明显，两个地区都由发散式转变为收敛式，HDLI 分别由 0.9959 和 0.9567 提升至 1.0198 和 1.1931。③知识产权保护对 HDLI 负向影响大的地区。该类地区包括北京、内蒙古和云南 3 个省份，其 HDLI 变化都在 -50% 以上，其中，云南的 HDLI 变化率最大，产业间的互动发展模式也由发散式转变为挤出式，内蒙古也由收敛式变为发散式。④知识产权保护对

第六章 产权制度:知识产权保护对驱动效应的影响

HDLI 负向影响小的地区。这类地区的 HDLI 变化率小于 -50%,包括天津、河北、吉林、上海、山东、湖北、广东和海南等 8 个省份,其中,海南 HDLI 降幅最小,从 1.2378 减至 1.2324,变化率仅为 -0.44%。总体看来,知识产权保护对中国各地区 HDLI 的影响比高技术产业创新质量的影响较为明显(图 6-7)。

表 6-4 知识产权保护对中国各省(市)HDLI 的影响

地区	ϕ	θ	ψ	HDLI	变化率	模式
北京	0.3940	0.2227	0.1692	1.4414	-56.86%	收敛
天津	0.0363	0.3772	0.2167	1.3695	-19.61%	收敛
河北	0.1958	0.4834	0.0505	1.1574	-17.77%	收敛
山西	-1.2272	2.0235	0.3278	2.6092	138.04%	收敛
内蒙古	0.1562	0.6112	-0.1941	0.1657	-86.11%	发散
辽宁	-0.1230	0.8112	0.1525	1.4891	3.29%	收敛
吉林	0.1157	0.5418	-0.1016	0.7035	-12.24%	发散
黑龙江	-0.0973	0.7325	0.6018	2.6496	57.55%	收敛
上海	-0.2051	0.6592	0.0377	1.0691	-38.12%	收敛
江苏	-0.2061	0.7316	0.7296	2.5379	41.31%	收敛
浙江	0.0507	0.6461	0.2863	1.9443	16.44%	收敛
安徽	-0.2588	0.8503	0.6338	2.5513	56.30%	收敛
福建	0.4510	0.2489	0.0968	1.3227	9.51%	收敛
江西	0.7846	-0.3903	0.3736	1.6167	6.17%	收敛
山东	-0.2190	0.9299	0.3241	2.1209	-11.79%	收敛
河南	0.3678	0.1306	0.3148	1.6275	6.35%	收敛
湖北	-0.4643	1.1488	0.1380	1.4373	-20.27%	收敛
湖南	0.4854	0.0774	0.0087	1.0198	2.40%	收敛
广东	0.4786	0.1141	0.0784	1.1925	-13.79%	收敛
广西	0.2598	0.3010	0.4149	1.9445	148.19%	收敛
海南	0.3219	0.2928	0.0895	1.2324	-0.44%	收敛
重庆	-0.0436	0.6452	0.5949	2.4933	29.13%	收敛
四川	0.4860	-0.1877	0.6495	1.9256	10.25%	收敛
贵州	0.6956	-0.2625	0.1095	1.1931	24.71%	收敛

续表

地区	φ	θ	ψ	HDLI	变化率	模式
云南	0.1554	0.4846	-0.0412	0.8856	-158.54%	发散
陕西	0.6596	-0.4796	1.0180	2.2415	62.87%	收敛
甘肃	0.1439	0.2404	0.7409	2.2032	29.18%	收敛
青海	0.1801	0.2765	0.1843	1.3392	306.30%	收敛
宁夏	0.2664	0.2297	0.1055	1.2094	5.37%	收敛
新疆	0.5189	-0.0178	0.0017	1.0034	0.19%	收敛

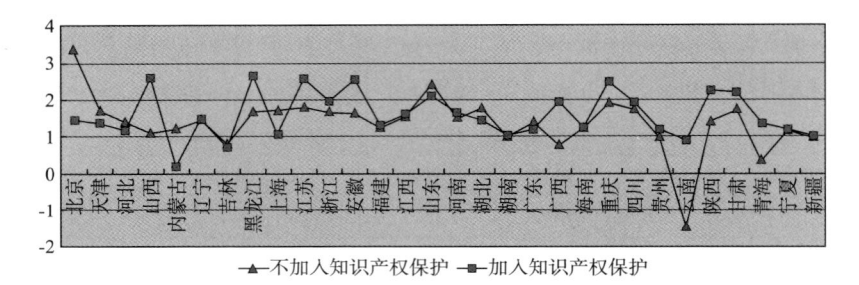

图 6-7 中国各地区创新质量对 HDLI 的影响

第四节 本章小结

本章从产权制度的角度，针对知识产权保护制度对高、中低技术产业间创新驱动效应的影响进行了理论和实证分析，研究结论如下：

首先，通过文献梳理，本书总结知识产权保护制度在产业技术创新中的作用，并提出知识产权保护在技术创新中主要通过创新激励效应和创新扩散效应得以体现的观点。①知识产权对创新的激励在于，通过利益驱动，将技术创新溢出的外部性内化于市场关系中，提高技术创新投资的私人收益率，刺激 R&D 投资与智力创造活动持续不断地进行，从而促进技术进步，推动经济增长。②知识产权保护的创新扩散效应主要通过优化资源配置与促进合作创新这两条路径得以发挥。

第六章　产权制度：知识产权保护对驱动效应的影响

知识产权制度促进了创新成果公开化，使得创新成果尽快为社会所了解，可以避免重复研究科技发展新动态，提高研发起点，有利于创新资源的有效配置，推动创新全方位、跨越式的发展。知识产权制度通过明确界定各相关主体的产权，有利于创新主体自主选择合作行为，有利于促进合作创新中知识和信息的有效沟通。

其次，本章将知识产权保护因素纳入高技术——中低技术两部门理论模型，从微观的视角分析了知识产权保护对高技术厂商和中低技术厂商经济行为的影响，理论分析发现：在完全竞争市场，知识产权保护制度通过影响高、中低技术产业间知识溢出系数进而对两部门的产品价格、边际劳动报酬、产业结构等产生作用。知识溢出系数 ψ 对两部门产品价格和边际劳动报酬的影响不同，$\psi=0$，两部门价格之比和边际劳动报酬之比不变，$\psi\neq 0$，其价格之比随 ψ 的增大而变大，劳动边际报酬之比随 ψ 的增大而缩小。ψ 不变，高技术部门就业量占整个经济体就业比重越小，边际劳动报酬之比越大。进一步，本章分析了知识产权保护对产业间创新驱动效应的影响，分析得出：在两部门平衡增长路径上，加强知识产权保护力度，能够激励高技术部门知识创新，拓宽整个经济体知识积累量，但是减弱了高技术部门对中低技术部门的驱动效果；严格知识产权保护减缓了中低技术部门向高技术部门融合的步伐；严格的知识产权保护拉大了两部门劳动边际报酬的差距，缩小了产品价格差距。

最后，本章依据文献哲理分析和数理理论分析的过程和结论，提出了知识产权保护对产业间创新驱动效应作用的相关假设，并针对假设进行了实证检验。实证结果验证了本章的假设 H1b（知识产权保护对中低技术产业知识产出具有负向作用）、H2b（知识产权保护对高技术产业知识溢出与中低技术产业创新绩效关系起负调节作用）、H3b（知识产权保护对中低技术产业干中学与中低技术产业创新绩效关系起负调节作用）和 H4a（知识产权保护对中低技术产业研发与中低技术产业创新绩效关系起正调节作用）。

在实证结果基础上，本书测算了1995—2012年间全国、区域和各省（市）的高、中低技术产业间创新驱动指数（HDLI），并对比分析了知识产权保护因素对 HDLI 的影响。对比分析结果表明：从全国整体来看，知识产权保护对 HDLI 有正向的强化作用，这种正向作用的形成是知识产权保护对中低技术产业知识产出中的干中学、R&D 研发和高技术产业知识溢出三个因素不同调节作用的综合结果，并且，由于知识产权保护对中低技术产业知识产出具有负向影响，因此，可以判定，知识产权保护强度提升能够促进高、中低技术产业间创新驱动效应的发挥，但不利于中低技术产业的创新能力提升，表明高技术产业创新驱动中低技术产业增长的方式并非驱动中低技术产业的创新能力和创新效率提升，而有可能是驱动生产能力和效率的提升。从区域层面来看，知识产权保护对不同区域 HDLI 的影响是有差异的，但影响不大。考虑知识产权保护因素后，东部和中部地区 HDLI 有略微上升，而西部地区有所下降。表明东部和中部的知识保护强度能够显著促进产业间创新驱动效应的发挥，而西部地区的知识产权保护强度制约了产业间创新驱动效应发挥。从各省（市）的情况来看，知识产权保护的影响对有的省（市）影响较大，比如青海、广西、湖南和贵州等地区，这些地区的高、中低技术产业间互动发展模式发生了改变，而有的省（市）影响较小，比如，天津、河北、辽宁、福建和海南等地区，HD-LI 变化率都不大。

综合来看，本章的研究结论具有一定程度的政策启示意义。这就是在创新驱动战略的推进实施过程中，知识产权保护政策制定需要平衡短期和长期发展目标的关系。短期来看，较高的知识产权保护强度政策能够较好的促进产业间创新驱动经济增长的实现，但对中低技术产业创新能力有所抑制，较低的知识产权保护强度政策虽利于中低技术产业创新能力的提升，但限制了产业间创新驱动效应的发挥，对短期增长不利；长期来看，较高的知识产权保护强度不利于高、中低技术产业创新网络的交叉、渗透和融合，产业间的创新驱动效应发挥抗外部不确定性因素干扰能力较低，而较低的知识产权保护有可能抑制高技术产业创新积极性，不利于创新驱动效应的可持续性发挥。因此，在创新驱动战略实施过程中，知识产权政策的制定，不仅要协调好短期目标与长期目标的关系，还应考虑地区产业结构、资源禀赋、创新环境和产业关联等差异性因素，进而制定出符合本地需要的适宜程度的知识产权保护制度。

第七章　开放经济：FDI 对创新驱动效应的影响

上文对产业间创新驱动效应的分析都限定在封闭经济中，而我国改革开放 30 多年来的实践经验表明，较为优惠的外商投资政策吸引了大量的 FDI，并借助 FDI 极大地提升了我国产业生产效率和创新效率，但随着全球经济一体化程度的加深，FDI 对技术引进国的溢出效应越来越表现出正反两方面的影响。因此，本书有必要放松封闭经济体的前提假设，将高、中低技术产业间创新驱动效应放入开放经济的环境中，重点分析 FDI 对创新驱动效应发挥的影响机制，以此能更进一步打开产业间创新驱动的黑箱。本章首先探讨了 FDI 在产业技术创新中的作用，接着将 FDI 纳入高技术—中低技术产业两部门模型，分析了 FDI 对发达国家和发展中国家的产业影响，最后，针对 FDI 对创新驱动效应的影响进行了实证检验。

第一节　FDI 在产业技术创新中的作用

要探索 FDI 对高技术产业创新的影响，就需要理清出口、跨国并购与创新的关系。一是出口与产业创新的关系研究。国际贸易研究普遍证实"出口学习"效应的存在。Coe 等较早讨论了国际知识溢出的

第七章 开放经济：FDI对创新驱动效应的影响

技术进步效应。随后的研究进一步证实了这个观点，尤其是在发展中国家普遍存在。例如，Blalock 和 Gertler 针对印度尼西亚的研究；Van 和 Biesebroeck 针对 9 个撒哈拉以南非洲国家的研究；De Loecker 针对斯洛文尼亚的研究等。与此同时，也有学者对出口引致创新存在相反的看法。张杰等认为出口对企业的创新活动有复杂影响效应，随着出口比例变化而发生非线性变化，呈现出"俘获"效应。李兵等的研究也有相似的结论，他们发现出口对企业创新存在异质性影响，对中高和高技术企业自主创新具有促进作用，而对中低和低技术企业没有显著影响。二是跨国并购与产业创新的关系研究。Luo 等用"跳板理论"形象地解释了新兴国家通过跨国并购实现创新追赶的过程。国内学者基于我国企业跨国并购实践，研究了外向 FDI 对研发创新、专利申请等的促进作用。随后，学者们分别从制度距离、知识距离、并购模式等不同角度进一步研究了跨国并购的创新效应。但也有部分学者对跨国并购的创新效应持怀疑态度。例如，柳卸林等认为，由于低估技术消化吸收难度和跨国文化制度障碍等因素，通过国际技术兼并实现赶超并不容易成功。

一般情况下，技术创新能力的提升主要通过两条途径，一是国内 R&D，即一国范围内的各企业或机构通过研发投入等方式不断积累知识、增加技术存量，从而实现创新能力的提升；二是国际 R&D，即通过不同开放经济体间的技术转移与技术外溢等技术流通与扩散方式以达到技术创新能力提升的目的。许多文献表明，国际 R&D 对于技术创新的促进作用远非国内 R&D 所能企及，随着经济全球化发展的不断深入，对外直接投资（Foreign Direct Investment，简称 FDI）已逐渐成为发展中国家技术赶超的主要渠道，也是发展中国家技术创新能力提升的主要途径[1]。与此同时，国际技术扩散也已成为内生技术进步及经济

---

[1] 李晓钟、张小蒂：《外商直接投资对我国技术创新能力影响及地区差异分析》，《中国工业经济》2008 年第 9 期。

增长的主要源泉[1]，Keller 经测算得出，FDI 对发展中国家全要素生产率的增长贡献高达 90% 以上，Rivera-Batiz etal[2]、Grossman[3] etal. 基于内生增长理论证实了 FDI 技术外溢对东道国技术进步的显著影响，并最终带动了经济的长期增长。

FDI 对东道国技术创新的影响可大致归纳为两个互逆的过程：促进技术创新的正向效应与抑制技术创新的负面效应。其中，"正向效应论"认为 FDI 的国际 R&D 会在东道国形成一定的技术溢出，通过知识的传播、吸收与应用为技术创新起到了积极的促进作用，许多学者为此观点进行了实证支持：Hu & Jefferson[4] 运用中国 511 个大中型制造企业在 1995—1999 年间的面板数据证实了 FDI 与新产品开发的正相关关系；王红领等[5]、张海洋[6]从产业层面出发，发现 FDI 对内资企业专利申请数量及新产品销售额有显著的促进作用；Cheung and Lin[7]、冼国明等[8]、李晓钟等[9]研究也表明了 FDI 的知识流动与溢出提升了我国区域创新能力。

"负面效应论"则认为，FDI 与东道国在技术梯度上往往存在着严

---

[1] Coe D., E. Helpman, "International R&D Spillovers", *European Economic Review*, No. 39, 1995, p. 112.

[2] Rivera-Batiz L., P. Romer, "Economic Integration and Endogenous Growth", *Quarterly Journal of Economics*, Vol. 106, No. 2, 1991, p. 68.

[3] Grossman, E. Helpman., *Innovation and Growth in the Global Economy*, Cambridge: MIT Press, 1991, p. 109.

[4] Hu, A., and G. Jefferson. *FDI, Technological Innovation, and Spillover: Evidence from Large and Medium Size Chinese Enterprises*, Brandeis University: Waltham, MA, 2001, p. 89.

[5] 王红领、李道葵、冯俊新：《FDI 与自主研发：基于行业数据的经验研究》，《经济研究》2006 年第 2 期。

[6] 张海洋：《外国直接投资对我国工业自主创新能力的影响》，《国际贸易问题》2008 年第 1 期。

[7] Cheung K. Y., and P. Lin., "Spillover Effects of FDI on Innovation in China: Evidence from the Provincial Data", *China Economic Review*, No. 15, 2004, p. 109.

[8] 冼国明、严兵：《FDI 对中国创新能力的溢出效应》，《世界经济》2005 年第 10 期。

[9] 李晓钟、张小蒂：《外商直接投资对我国技术创新能力影响及地区差异分析》，《中国工业经济》2008 年第 9 期。

第七章 开放经济：FDI对创新驱动效应的影响

重的技术势差，这种技术层级的差距反而会对本土企业的技术创新产生一定的"挤出效应"。一方面，外资技术的进入会降低本土企业自身的技术创新激励，进而对本国研发投入造成了一定的"挤出"[1]；另一方面，高技术产业的 FDI 还会对本土企业研发创新活动产生替代效应[2]，先进技术的进入会增强本土企业对跨国公司的技术依赖，容易陷入"技术锁定"的陷阱。刘志彪等[3]基于全球价值链的视角，认为 FDI 的进入会通过产业波及效应将本土的配套关联企业锁定在价值链低端环节，制约了本土企业技术创新能力的提升。

下面，本书将从溢出效应与替代效应两方面展开，进一步阐释 FDI 对本土企业技术创新的作用机理，如图 7-1 所示。

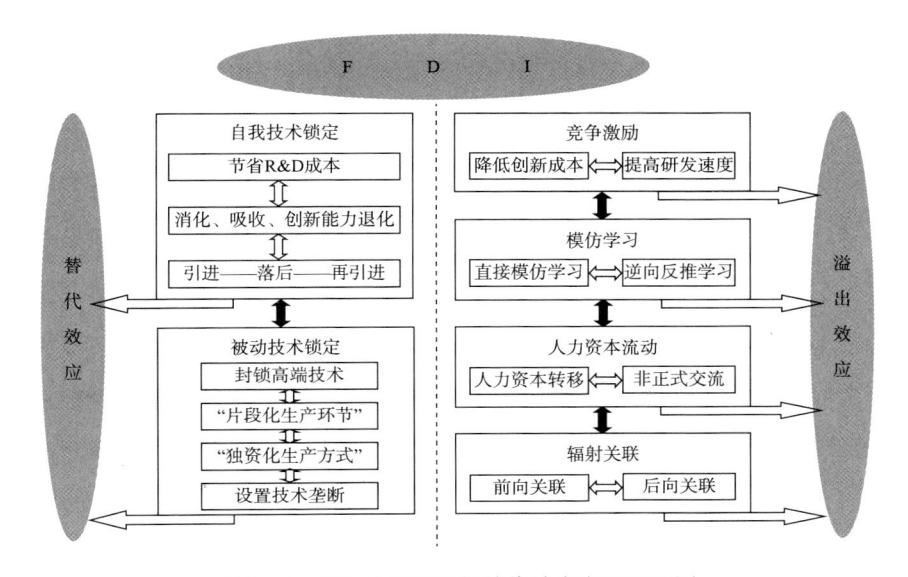

图 7-1　FDI 溢出效应与替代效应发生机理图

---

[1] 陈羽、邝国良：《FDI、技术差距与本土企业的研发投入》，《国际贸易问题》2009 年第 7 期。

[2] Fan C., and Y. F. Hu., "Foreign Direct Investment and Indigenous Technological Efforts: Evidence from China", *Economics Letters*, No. 96, 2007, p. 116. 范承泽、胡一帆、郑红亮：《FDI 对国内企业技术创新影响的理论与实证研究》，《经济研究》2008 年第 1 期。

[3] 刘志彪：《从后发到先发：关于实施创新驱动战略的理论思考》，《产业经济研究》2011 年第 4 期。

一 FDI 的溢出效应

FDI 溢出效应是一种外部效应，即外国投资者进入东道国所无偿引致的本土企业技术进步或生产率提升。Mac Dougall 首次明确提出了 FDI 技术溢出效应，并将其引入到了 FDI 一般福利分析框架中。[1] 随后，学者们运用计量经济学方法测度了加拿大及澳大利亚的内资企业 FDI 技术效率变化情况，结论证实了 FDI 生产率溢出效应的存在。此后，许多学者针对 FDI 技术溢出效应的相关问题展开了深入探究。一般情况下，FDI 溢出效应的实现主要通过以下四种途径：竞争激励、模仿学习、人力资本流动以及辐射关联。

（一）竞争激励

竞争激励是指 FDI 进入东道国后打破了原有市场结构，加剧了市场竞争，从而激励东道国企业不断改良技术、提高生产效率，并最终实现以创新拓宽生存空间的发展途径。[2] 竞争理论认为，当众多的外资企业采用了一种附加值更高更能吸引消费者的产品时，其他企业的产品就会受到威胁，为生存下去，外资企业必须提高研发力度、投资于学习过程，学习过程的投资越大，内资企业的技术能力就越强，内资企业便会获得溢出效应；而在此过程中，跨国公司也势必会为进一步扩大技术差距、保持竞争实力而被迫引进新技术，从而又会引发新一轮的技术溢出，继而技术差距进一步扩大，内资企业的竞争压力也进一步加强。由此，竞争效应使 FDI 溢出效应表现为"螺旋式上升"的拓展机制。

---

[1] Mac Dougall, "The Benefits and Costs of Private Investment from Abroad: A Theoretical Approach", *Economic Record*, No. 21, 1960, p35.

[2] Wang J. Y. and Blomstram M., "Foreign Investment and Technology Transfer: A Simple Model", *European Economic Review*, Vol. 36, No. 1, 1992, p. 137.

第七章　开放经济：FDI对创新驱动效应的影响

当然，有关FDI竞争激励的实证研究结论存在两面性，正向论观点认为FDI进入的确为本土企业的发展创造了机会，促使本土企业加大研发投入、引入先进技术、改善经营管理以保持其市场份额；[1] 而反向论观点则认为FDI的进入可能会使效率低下的内资企业放弃市场，[2] 从而产生挤出效应，Aitken和Harrison将这一效应称为"市场窃取效应"[3]。由此可见，FDI技术溢出的竞争激励效果伴有许多不确定性，但它对于提升企业效率、促进企业技术创新等方面的确具有重要作用。

（二）模仿学习

模仿学习也是FDI溢出效应发挥的重要渠道[4]，FDI的进入给东道国带来了先进的技术和生产工艺，拓宽了内资企业的技术选择集，内资企业可以通过学习、模仿等方式提升自身技术及生产力水平，并借助外资企业降低自身对新技术应用的风险。除了生产技术，外资企业的管理经验、营销策略等非物化技术也会随着企业的运营而不断溢出，这也会为本土企业起到良好的示范作用。其中，Riedel对20世纪60年代的香港出口制造业模仿学习效果进行了实证研究，结论显示出该途径对本土制造业的发展的确起到了极大的促进作用。Langdon以肯尼亚肥皂产业为例，认为跨国公司的机械化生产模式对当地手工生产方式起到了良好的示范作用，前者在激烈的市场角逐中逐渐取代了后者。[5]

---

[1] Caves R. E., "Industrial Corporations: the Industrial Economics of Foreign Investment", *Economica*, Vol. 141, No. 38, 1971, p. 27.

[2] Harrison, A., "Produetivity, Imperfect Competition and Trade Reform", *Journal of International Economies*, No. 36, 1994, p. 53.

[3] Aitken, B. J. and Harrison, A. E., "Do Domestic Firms Benefit from Direct Foreign Investment? Evidence from Venezuela", *American Economic Review*, Vol. 89, No. 3, 1999, p. 143.

[4] Das, S., "Externalities and Technology Transfer Through Multinationals Corporations—A Theoretical Analysis", *Journal of International Economies*, No. 22, 1987, p. 171.

[5] Langdon S., *Multinational Corporations in the Political Economy of Kenya*, New York: St. Matin's Press, 1981, p. 137.

当然，模仿学习只是溢出效应发挥的途径，能否真正提升本土企业的技术创新能力还取决于企业对新技术的消化吸收能力。

一般情况下，模仿学习存在两条路径：直接模仿学习与逆向反推学习。直接模仿学习主要表现为"干中学"和"用中学"，即通过借鉴国外较为先进的生产技术和管理方式提升产品生产过程中的知识技术积累，现实技术能力升级的目的。逆向反推学习更多地体现在对高知识技术含量产品的研究、解析和学习的过程，通过购买跨国公司的创新型产品，并进一步研究其设计思想、生产工艺、工作原理等内部结构，揭示并获取新产品的整个形成过程。

（二）人力资本流动

人力资本流动是指人力资本基于一定的动因，从一个企业组织中游离出来或从一个企业到另一个企业的情况[1]，它既包括原先在跨国公司接受培训的人员跳槽到本土企业工作，又包括在本土企业工作的人员跳槽到跨国公司工作。跨国公司对其雇员的培训是 FDI 在东道国发生技术溢出的基础，当曾经受雇于外资企业的人员日后被其他企业所聘用时，他们必然将先进的并适用于跨国公司的技术及管理经验传播至他们所受聘的企业，随着积累技能的逐渐外流，溢出效应随之发生。[2] 由于发展中国家的公共教育体系尚不完善，因此这种溢出效应会表现得更为显著。当然，跨国公司为了抑制这类人员流动的知识溢出也大多采取了高薪聘用策略，这样，优秀的本土企业员工也会流失至跨国公司，从而对本土内资企业产生了一定的负面影响。[3]

---

[1] 宿慧爽：《基于 FDI 的技术转移对我国技术创新的影响研究》，博士学位论文，吉林大学，2007 年，第 46 页。

[2] Gershenberg I., "The Training and Spread of Managerial Know-how: A Comparative Analysis of Multinational and Other Firms in Kenya", *World Development*, No. 15, 1987, p. 931.

[3] Sinani E. and Meyer K. E., "Spillovers of Technology Transfer from FDI: the Case of Estonia", *Journal of Comparative Economics*, No. 32, 2004, p. 445.

现有研究表明，许多发展中国家优秀的私营企业中，有许多高层管理人员曾任职于跨国公司，并接受良好的培训教育，通过若干年的知识技术积累，获得独立开创企业的技术和信息资本，从而促进了当地技术创新的显著提升。①

（四）辐射关联

由关联关系而产生的溢出效应也被称为产业间溢出效应。② 一般情况下，FDI进入东道国市场会与当地的供应商、生产商以及客户群等发生一定的关联交易，本土企业便可借助业务网络从中学习到先进的生产、工艺以及管理知识，因此，跨国公司基于当地产业链条的辐射关联也是FDI溢出效应发挥的主要渠道。

辐射关联又可细分为前向关联与后向关联。其中，前向关联是指外商与本土销售商等下游厂商所发生的关联关系，作为外商产品的下游环节，本土企业可向其采购具有高质量的中间投入品，通过研究产品的内含技术与使用设备，以达到改进自身生产工艺，推动生产技术升级的目的。此外，外商也会对采用其生产设备的部分本土企业员工进行培训，这也会在一定程度上促进溢出效应的发生。后向关联是指外商与本地原材料、零部件供应商等上游厂商所发生的采购与服务关联关系，外商为确保产品生产质量，通常会在供货计划、生产技术、制作工艺等各流程方面对本土企业进行严格要求，必要时还会对下游供货企业进行人员及技术培训，外商的高标准、严要求会促进本土企业技术水平的提升。通常情况下，外资企业的技术越复杂，产业链越长，关联度越高，则溢出效应会越大。

辐射关联是否能够顺利发挥还要取决于东道国当地的产业关联程

---

① Katz J. M., *Technology Generation in Latin American Manufacturing Industries*, New York: St. Martins Press, 1987, p.149.
② 张汉林:《经济增长新引擎》，中国经济出版社1998年版，第82页。

度，如果当地企业技术水平较低，FDI 的进入无法有效嵌入当地生产网络，此时的外商只能将产品上下游生产合作关系转向国外，东道国市场便只是一块"飞地"。在此情况下，外资经济容易陷入孤立状态，使得本土企业难以与外资企业共享产品和技术，丧失了进行学习和模仿的机会，阻碍溢出效应的发生。

二 FDI 对自主创新的"替代效应"

FDI 的进入虽能引致一定溢出效应的发挥，却也可能对发展中国家的技术研发投入起到替代作用。若本土企业的技术进步来源仅依靠于外资企业的转移途径，就可能会出现"技术锁定"现象，本土企业的技术升级路径也会逐渐脱离本地创新体系。其中，技术锁定有自我技术锁定与被动技术锁定两种方式。

（一）自我技术锁定

FDI 的进入为内资企业树立了技术创新标杆，企业在接受知识溢出的同时也易于陷入自我锁定的被动困局。单一的技术模仿学习及加工制造途径致使内资企业为节约 R&D 投资、缩减创新时间并快速获益而松懈研发努力，长此以往，企业的创新动力及消化吸收能力将会逐步衰减，对外资企业的技术依赖会使本土企业陷入"引进—落后—再引进"的怪圈，从而沦为了跨国公司的制造加工工厂。与此同时，外企将高端产品注入本土市场还会对其他本土产品产生冲击，这种在技术层面不对等的竞争机制不仅减弱了本土企业的技术创新动力，也降低了本土产品的市场竞争力。

（二）被动技术锁定

通常情况下，跨国公司进入东道国是为了追求广阔的市场空间或廉价的生产要素，而技术则是其竞争优势的核心所在，技术溢出绝非其本愿。不仅如此，跨国公司还会对其核心技术进行严格封锁以巩固

第七章 开放经济：FDI对创新驱动效应的影响

技术垄断地位。跨国公司抑制技术溢出的手段主要有：第一，封锁高端与核心技术。技术转让虽为东道国吸收 FDI 技术溢出的主要途径，但转让至东道国的先进技术在发达国家大多已趋于淘汰，[①] 真正高端与核心技术基本被发达国家封锁。第二，"片段化"生产环节。跨国公司通过业务外包模式将生产环节切分为不同的片段，技术便可被多个外包主体分散掌握，完整的技术被切割成了不同的黑箱，而高昂的交易费用使得各外包企业间只能"管中窥豹"。第三，独资化生产方式。一般情况下，跨国公司在东道国会采取绝对控股的投资方式以减少在东道国的核心研发，关键性核心技术研发中心依然设立在母国，而东道国只从事些许辅助性的研发活动。第四，设置技术垄断。跨国公司会在东道国设置一些技术标准等垄断障碍限制本土企业技术赶超，本土企业如使用其先进技术，须支付高额专利费用。此外，FDI 不仅在促进技术创新方面具有一定的抑制作用，对于东道国的创新资源也存在着某种"挤占"。统计数据显示，我国有 45.7% 的优秀人才流向了外资企业或大型跨国公司在华设立的研发机构。许多国企的研发机构在与外企合作过程中被分拆，导致了具有产业创新能力的技术人才大量流失，技术主导权逐渐失控，迫使本土企业对跨国公司产生了阶段性的技术"挤出"。FDI 替代效应所产生的自我锁定与被动锁定会最终致使本土企业核心技术缺乏，削弱企业技术创新主观动力，为使用核心技术就必然更加的依赖于外商企业，高昂的技术转让、使用开发等费用缩短了内资企业的利润空间，产品低附加值、弱竞争力的被动局面制约了行业技术创新能力的提升。

[①] Cannice M. V., Chen R. and Daniels J. D., "Managing International Technology Transfer Risk: A Case Analysis of U. S. High-technology Firms in Asia", *Journal of High Technology Management Research*, No. 14, 2003, p. 54.

第二节　FDI 对创新驱动效应的影响

承接本书关于创新驱动的两部门理论模型，由于本书模型是基于一个封闭经济体展开分析的，在封闭经济中，两部门的行为不受外部环境变化的干扰。如果将本模型置于开放经济中，那么可以探讨一些发达国家通过外商直接投资（FDI）对发展中国家高、中低技术两部的经济增长影响。在开放经济中，本模型的高技术部门和中低技术部门可分别代表技术先进的发达国家和需要技术引进的发展中国家，两类国家的经济增长和知识创新活动遵循上文对高、中低技术部门的分析。但是，在国家间讨论驱动效应的主要区别在于国家对内和对外的战略不同。不管是国家内部两部门的发展，还是在更大范围内的国家间竞争，国家总是追求本国利益最大化。

在开放经济中，发达国家是高技术部门，国家战略就是提升高技术部门的自主创新能力，占领知识创新领域的前沿，并且通过全球化和自由贸易（统称为 FDI）将科技含量高的各类产品打入发展中国家市场。正如本模型分析所得，在经济的初始点，发达国家有很强的知识溢出动力，发达国家与发展中国家知识存量差距越大，越弱的知识产权保护力度对发达国家越有利，ψ 越大，发达国家的高技术产品价格与发展中国家低技术产品价格之比越大。当然，随着发达国家对发展中国家以 FDI 形式输出知识的增加，发展中国家知识创新能力普遍得到提升，并且发展中国家拥有比发达国家更加快速的经济增长速度，即 $g_{Y_l}^* \geq g_{Y_h}^*$。同时，随着 ψ 的增加，发达国家与发展中国家劳动的边际报酬之比变小，即发展中国家劳动报酬的比较优势随着发展中国家向发达国家逼近而逐渐减少，"人口红利"的消失是知识溢出增加的结果。在本书的模型中，知识溢出最终将促使中低技术部门向高技术部门完成产业融合，扩展到国家间竞争就是发展中国家完成对发达国家赶超，然而，国家竞争的事实却是，虽然发达国家对发展中国家知识溢出普遍存在，但完成赶超的国家却屈指可数。究其原因，本书认为发达国家知识产权保护战略调整，改变了发展中国家赶超路径，使得发展中国家处于一种"看得见"却"够不着"的局面。沿着前文的分析，我们知道在经济初始点，发达国家与发展中国家知识和经济存量差距较大，较低的知识产权保护有利于发达国家对发展中国家知识溢出，更有利于发达国家的高技术产品占领发展中国家高端市场。但随着发展中国家创新能力的提升，发达国家可以通过严格知识产权保护或其他限制知识溢出的策略（例如，减少 FDI 策略）打压发展中国家，随着 ψ 变小，发展中国家经济增长速度随之降低，并且严格的知识产权保护使得发达国家增长路径发生"跳跃"，进一步延长了发展中国家追赶发达国家的时间。发达国家知识溢出策略的调整使得发展中国家陷入"准自主创新"的尴尬，因为在完成对发达国家赶超之前，发展中国家的创新能力提升受知识溢出 ψ 的影响较大，所以，发展中国家对发达国家追赶之路漫长且深受发达国家政策的影响。

第三节 FDI 对创新驱动效应影响的实证分析

一 提出假设

根据本章上述理论分析，本章提出如下几条假设：
(1) FDI 对中低技术产业知识产出是否具有显著作用。
假设 H1a：FDI 对中低技术产业知识产出具有正向作用；
假设 H1b：FDI 对中低技术产业知识产出具有负向作用。
(2) FDI 对高技术产业知识溢出与中低技术产业创新绩效关系的

调节作用。

假设 H2a：FDI 对高技术产业知识溢出与中低技术产业创新绩效关系起正调节作用。

假设 H2b：FDI 对高技术产业知识溢出与中低技术产业创新绩效关系起负调节作用。

(3) FDI 对中低技术产业干中学与创新绩效关系的调节作用。

假设 H3a：FDI 对中低技术产业干中学与中低技术产业创新绩效关系起正调节作用。

假设 H3b：FDI 对中低技术产业干中学与中低技术产业创新绩效关系起负调节作用。

(4) FDI 对中低技术产业研发与创新绩效关系的调节作用。

假设 H4a：FDI 对中低技术产业研发与中低技术产业创新绩效关系起正调节作用。

假设 H4b：FDI 对中低技术产业研发与中低技术产业创新绩效关系起负调节作用。

二 构建计量模型

在上一章模型设定基础上，本章继续采用面板数据模型进行回归估计，重点考察引入 FDI 变量后，其他解释变量对被解释变量的变化情况。继续采用 Hausman 检验来进行面板模型的设定，来确定选取固定效应模型或随机效应模型。固定效应模型不需要对截距项的个体独立问题进行假定，但为了增加回归结果的可信度，本书同时报告固定效应和随机效应结果，Hausman 检验支持哪种模型，HDLI 的计算会以检验支持的模型回归结果为依据。本书采用的回归模型如下：

$$\ln YAL_{it} = a + \phi \ln LBD_{it} + \theta \ln LRD_{it} + \psi \ln HKS_{it} + \beta_1 \ln HIQ_{it} +$$
$$\beta_2 \ln IP_{it} + \beta_3 \ln FDI_{it} \beta_4 \ln HKS_{it} \times \ln FDI_{it} + \beta_5 \ln LBD_{it} \times$$

第七章 开放经济：FDI对创新驱动效应的影响

$\ln FDI_{it} + \beta_6 \ln LRD_{it} \times \ln FDI_{it} + u_{it}$

其中，YAL_{it}——中低技术产业知识产出（被解释变量）；LBD_{it}——中低技术产业干中学；LRD_{it}——中低技术产业 R&D 研发；HKS_{it}——高技术产业知识溢出；HIQ_{it}——高技术产业创新质量；IP_{it}——知识产权保护强度；FDI_{it}——外商直接投资。为了考察 FDI 对知识溢出、研发和干中学与中低技术产业创新绩效的调节作用，模型分别引入了知识产权保护与中低技术产业干中学、研发和高技术产业知识溢出的交互项，即 $\ln FDI_{it} \times \ln LBD_{it}$、$\ln FDI_{it} \times \ln LRD_{it}$ 和 $\ln FDI_{it} \times \ln HKS_{it}$。

本模型变量的选取与上一章基本一致。其中，被解释变量为中低技术产业知识产出（或创新绩效），采用当年中低技术产业专利申请量度量；解释变量中的中低技术产业干中学、研发和高技术产业知识溢出与上一章的设定一致；高技术产业创新质量和知识产权保护的界定方法沿用上一章。FDI 对东道国会产生正负两方面的影响，正面影响在于 FDI 能够通过国际知识技术溢出效应提升本地企业的创新活力和能力，[1] 负面影响在于 FDI 容易锁定东道国企业技术升级轨道，掉进"技术陷阱"，还可能对本土研发产生"替代效应"[2]。考虑开放经济中 FDI 对 HDLI 的影响，我们采用张广胜等[3]的方法，用当年实际利用外资规模作为 FDI 的衡量指标，汇率按当年人民币对美元的年均汇率价（中间价）计算。

---

[1] 王然、燕波、邓伟根：《FDI 对我国工业自主创新能力的影响及机制——基于产业关联的视角》，《中国工业经济》2010 年第 11 期。

[2] Fan C., Y. F. Hu, "Foreign Direct Investment and Indigenous Technological Efforts: Evidence from China", *Economics Letters*, No. 96, 2007, p. 120.

[3] 张广胜、周娟：《FDI 对城乡收入不均等影响的实证研究——基于省级面板数据的 GMM 分析》，《财经科学》2009 年第 2 期。

三 回归结果分析

（一）基本回归结果

本章采用面板数据模型进行回归估计，继续以 Hausman 检验的结果来进行固定效应和随机效应模型的选择，模型3、模型4、模型5和模型6分别以不同的方式将交互项引入回归模型，部分模型报告固定效应和随机效应的回归结果（表7-1）。

1. FDI 与中低技术产业知识产出的关系具有显著的正向关系

模型2、模型3、模型4、模型5和模型6的 Hausman 检验结果都支持固定效应模型，其中，模型2、模型3和模型4的结果都在1%的显著性水平下拒绝原假设，而模型5的固定效应结果在10%的显著性水平下拒绝原假设。结果表明，在过去的18年间，中国引入的 FDI 对中低技术产业知识产出具有显著的促进作用，其原因可能在于，随着全球产业价值链的不断分工细化，外部资本大量转移到中国，尤其是注入中国中低端加工制造业，外资大规模的进入显然促进了 FDI 的水平溢出和垂直溢出，使得中国中低技术产业获得了外部较为先进的技术和管理知识，一方面提升了中低技术产业的生产效率，另一方面为中低技术产业进行模仿创新、增量式和渐进式创新提供了一些空间和机会，而这些与中国过去一、二十年，尤其是入世后的产业经济发展规律具有高度的一致性。因此，从中低技术产业创新能力提升的角度来看，持续引进发达国家的 FDI 是有一定价值的，但新进 FDI 要更多地流入到实体经济中，切实帮助中低技术企业提升创新能力。

2. FDI 对中低技术产业干中学与中低技术产业知识产出的关系具有显著的负向调节作用

模型3的固定效应显示出，FDI 与中低技术产业干中学的交互项系数显著为正（$P < 0.01$，模型3固定效应系数 0.0384），而模型3的中

第七章 开放经济：FDI对创新驱动效应的影响

低技术产业干中学单独变量系数显著为负（P<0.1，模型3的固定效应系数-0.5040），并且，模型6的固定效应结果表明，FDI与中低技术产业干中学的交互项系数显著为负（P<0.01，模型3固定效应系数-0.0621），而模型6的中低技术产业干中学单独变量系数显著为正（P<0.01，模型6的固定效应系数1.0969），模型3和模型6的结果一致表明，随着FDI变小，中低技术产业干中学效应对中低技术产业知识产出的贡献变大，而FDI越大，中低技术产业干中学效应对中低技术产业知识产出的贡献越小。结果表明，FDI降低了中低技术产业干中学的知识创新效应。原因可能在于，中国中低技术企业吸收FDI时，过于注重对外来先进技术的直接使用，缺乏对引进技术的探索性学习和领悟，使得中低技术产业干中学的不确定性和难度加大，这就抑制了中低技术产业的创新积极性，进而降低了干中学在中低技术产业知识生产中的贡献。在模型1、模型2和模型3中，引入FDI变量以后，干中学系数由0.1497（见表7-1模型1固定效应）下降为0.1036（见表7-1模型2固定效应）、0.0798（见表7-1模型2随机效应）和-0.5040（见表7-1模型3固定效应）正好印证了本书的理论解释。

3. FDI对中低技术产业R&D研发与中低技术产业知识产出具有显著的负向调节作用

模型4的固定效应和模型6的固定效应结果显示，FDI与中低技术产业R&D研发的交互项系数显著为正（P<0.01，模型4的固定效应系数0.0494，模型6的固定效应系数0.0765），但中低技术产业R&D研发系数显著为负（P<0.01，模型4的固定效应系数-0.6377，模型6的固定效应系数-1.0420），这表明随着中国引进FDI的下降，中低技术产业R&D研发对中低技术产业知识产出的贡献越大，而FDI越大，中低技术产业R&D研发对中低技术产业知识产出的贡献越小。与

上述干中学分析同理，对中国中低技术产业知识产出而言，FDI 的引进并没有真正提升中低技术产业 R&D 研发能力，反而使得中低技术产业 R&D 研发在知识产出中的贡献下降，这在模型 1（R&D 研发固定效应系数为 0.1850）和模型 4（R&D 研发固定效应系数为 -0.6377）中的数据对比中可以得到支持。原因可能在于，通过引进 FDI，中低技术产业获得技术改造升级的机会较多，并且获取外部较为先进的实用性生产技术成本较低，使得中低技术产业自主创新缺乏有效的外部激励，创新"惰性"的产生制约了中低技术产业持续研发能力的成长。因此，在创新驱动战略实施过程中，如何平衡由 FDI 引进的先进技术与中低技术产业自主创新研发的关系，是提升产业间创新驱动效应的重要内容。

4. FDI 对高技术产业知识溢出与中低技术产业知识产出的关系具有显著的负向调节作用

模型 5 的固定效应结果显示，FDI 与高技术产业知识溢出的交互项系数显著为正（$P < 0.01$，模型 5 的固定效应系数 0.0394），并且模型 5 的高技术产业知识溢出显著为负（$P < 0.01$，模型 5 的固定效应系数 -0.4000），即随着 FDI 的增大，高技术产业知识溢出对中低技术产业知识产出的贡献越小，而 FDI 越小，高技术产业知识溢出对中低技术产业知识产出的贡献越大。这反映出，在中低技术产业知识生产过程中，FDI 对高技术产业知识溢出具有显著的"替代效应"，证明中国 FDI 不利于高、中低技术产业间的知识转移、扩散和消化吸收，较多的 FDI 易于锁定中低技术产业的技术升级轨道，割裂了经济内部高、中低技术产业间的创新网络连接，并不断提升中低技术产业外部技术依赖度，影响高、中低技术产业间协同发展。

表 7-1　　　　　中国中低技术产业知识产出因素分析

变量	模型1 固定	模型2 固定	模型2 随机	模型3 固定	模型4 固定	模型5 固定	模型6 固定	模型6 随机
LnLBD	0.1497* (4.4198)	0.1036* (3.086)	0.0798** (2.150)	-0.504*** (-6.6625)	0.1134* (3.5440)	0.1067* (3.3680)	1.0969* (3.4385)	0.9030 (2.8468)
LnLRD	0.1805* (4.3473)	0.1578* (3.927)	0.1599* (3.561)	0.1584* (4.1142)	-0.6377* (-6.6910)	0.1803* (4.7686)	-1.042** (-2.4995)	-0.7611 (-1.7837)
LnHKS	0.3334* (16.0019)	0.3319* (16.52)	0.3527* (14.57)	0.2613* (12.4222)	0.2600* (12.5459)	-0.400* (-5.4062)	-0.3262 (-1.4639)	-0.342** (-1.4170)
LnHIQ	-0.0730* (-3.5496)	-0.0640* (-3.129)	-0.0511** (-2.115)	-0.0498** (-2.5303)	-0.0472* (-2.4272)	-0.0499* (-2.6128)	-0.0509* (-2.6617)	-0.0480* (-2.1062)
LnIP	-0.3015* (-3.3870)	-0.2901* (-3.236)	-0.3305* (-3.374)	-0.2139* (-2.5253)	-0.2203* (-2.6234)	-0.173* (-2.1249)	-0.188* (-2.2532)	-0.181* (-1.9033)
LnFDI		0.2003* (5.686)	0.2241* (7.292)	-0.3354* (-4.6430)	-0.3586* (-5.2648)	0.061*** (1.7104)	0.0831 (0.5091)	0.1366 (0.7400)
LnLBD × LnFDI				0.0384* (8.57523)			-0.0621* (-3.1247)	-0.0512* (-2.5843)
LnLRD × LnFDI					0.0494* (9.5866)		0.0765* (2.9847)	0.0593 (2.2498)
LnHKS × LnFDI						0.0394* (10.3456)	0.0354* (2.6830)	0.0376** (2.5808)
C	2.1767* (6.8264)	-0.0840 (-0.171)	-0.1614 (-0.341)	8.6011 (7.4848)	9.0022* (8.3365)	2.1550* (4.2134)	1.8146 (0.6891)	1.0850 (0.3688)
模型	FE	FE	RE	FE	FE	FE	FE	RE
R^2	0.9759	0.9777	0.8956	0.9798	0.9805	0.9811	0.9811	0.9087
Hausman P值			0.0000					0.0002
观测数	540	540	540	540	540	540	540	540
HDLI	1.4978	1.4494	1.4639	1.1942	1.1706	0.4389	0.6551	0.6010

注："*"、"**"和"***"分别表示在1%、5%和10%的显著性水平下拒绝原假设，下表同。

（二）稳健性检验

沿用上一章稳健性检验的思路和方法，解决由于中低技术产业知识生产与干中学投入和R&D研发投入的双向因果关系所产生的内生性问题，为使模型估计结果更加有效。模型7、模型8和模型9的被解释变量采用T+1期的中低技术产业专利申请量，模型10、模型11和模型12的被解释变量采用T+1期的中低技术产业新产品产值。

正如表7-2的被解释变量T+1期回归的结果显示，模型7中的FDI与干中学和研发的交互项引入回归模型后，干中学对中低技术产业知识产出有显著的负向影响（P<0.01，固定效应系数分别为-0.6303），而FDI与中低技术产业干中学乘积系数显著为正（P<0.01，固定效应系数为0.0478），模型8中的FDI与中低技术产业R&D研发乘积系数显著为正（P<0.01，固定效应系数为0.0581），而R&D研发的单独变量回归系数显著为负（P<0.01，固定效应系数为-0.7953），模型9中的FDI与高技术产业知识溢出的乘积也显著为正（P<0.01，固定效应系数为0.0472），而高技术产业知识溢出的单独变量系数显著为负（P<0.01，固定效应系数为-0.5336）。

模型10、模型11和模型12以T+1期的中低技术产业新产品产值为因变量，回归结果显示，FDI与干中学、研发和高技术产业知识溢出的交互项系数都为正，但均不显著。总之，T+1期的中低技术产业专利申请量的稳健性结果再次表明，FDI对中低技术产业知识产出具有正向作用，且FDI对中低技术产业知识产出与干中学、研发和知识溢出关系具有负向调节作用。检验结果支持本章假设H1a、H2b、H3b和H4b。

表7-2　　　　　　　　稳健性检验回归结果

变量	被解释变量：YAL（T+1期专利申请量）			被解释变量：YAL（T+1期新产品产值)		
	模型7	模型8	模型9	模型10	模型11	模型12
C	11.7104* (10.2313)	11.5388* (10.8054)	3.5602* (7.3688)	-11.1302* (-9.5163)	-11.2882* (-10.5412)	-11.4802* (-24.5019)

续表

变量	被解释变量：YAL（T+1期专利申请量）			被解释变量：YAL（T+1期新产品产值）		
	模型7	模型8	模型9	模型10	模型11	模型12
Ln*LBD*	-0.6303* (-8.5742)	0.1327* (3.8932)	0.1234* (3.7338)	1.1537* (14.5493)	1.1591* (31.3149)	1.1505* (31.5696)
Ln*LRD*	0.1396* (3.7266)	-0.7953* (-8.3492)	0.1678* (4.6296)	-0.0708*** (-1.9213)	-0.0663 (-0.6839)	-0.0664*** (-1.8279)
Ln*HKS*	0.2539* (11.5029)	0.2573* (11.7987)	-0.5336* (-7.6554)	-0.0215 (-0.9374)	-0.0204 (-0.8980)	0.0771 (0.9694)
Ln*HIQ*	-0.0106 (-0.4172)	-0.0056 (-0.2238)	-0.0066 (-0.2750)	0.0987* (3.5829)	0.0988* (3.5959)	0.1008* (3.6644)
Ln*IP*	-0.3048* (-3.8458)	-0.3029* (-3.8239)	-0.2375* (-3.2196)	-0.8693* (-10.0333)	-0.8736* (-10.2015)	-0.9003* (-10.3820)
Ln*FDI*	-0.5343* (-7.3007)	-0.5179* (-7.5822)	-0.0286 (-0.8447)	0.0065 (0.0866)	0.0168 (0.2411)	0.0323 (1.0250)
Ln*LBD*×Ln*FDI*	0.0478* (10.7750)			0.0005 (0.1041)		
Ln*LRD*×Ln*FDI*		0.0581* (11.4144)			-0.0001 (-0.0243)	
Ln*HKS*×Ln*FDI*			0.0472* (13.3073)			-0.0049 (-1.2733)
C	11.7104* (10.2313)	11.5388* (10.8054)	3.5602* (7.3688)	-11.1302* (-9.5163)	-11.2882* (-10.5412)	-11.4802* (-24.5019)
模型	FE	FE	FE	FE	FE	FE
R^2	0.9829	0.9830	0.9842	0.9881	0.9881	0.9881
Hausman P值	0.0000	0.0002	0.0000	0.0004	0.0000	0.0005
观测数	510	510	510	510	510	510

四 FDI对HDLI的影响

（一）基于中国整体以及区域的变化

实证结果（表7-1）显示，知识产权保护引入回归模型后，中低技术产业干中学、研发和高技术产业知识溢出系数都发生了相应变化，上文中低技术产业知识产出因素分析也证实了中国引进 FDI 与中低技术产业知识产出的正向关系，但是，由产业间创新驱动指数 HDLI 的理论内涵可知，产业间创新驱动效果是中低技术产业干中学、R&D 研发和高技术产业知识溢出系数的函数，并且是非线性关系 [$HDLI = 1 + \psi/(1 - \theta - \phi)$]。因此，FDI 对中低技术产业干中学、R&D 研发和高技术产业知识溢出与中低技术产业知识产出的关系具有负向调节作用的实证结论，并不能证明 FDI 与 HDLI 之间是何种相关关系。进一步对表 7-1 相关变量系数的选取和计算，可以得出不同模型估计下的 HDLI 大小。

通过计算引入 FDI 变量后的 HDLI 可知：过去的 18 年间，中国引进的 FDI 虽然对中低技术产业知识产出有显著的正向作用（表 7-1），但 FDI 削弱了中国高、中低技术产业间的创新驱动效应，基于模型 1 和模型 2 的回归系数可以算出，在引入 FDI 后，HDLI 由 1.4978 减小至 1.4494，即在引入 FDI 条件下，中国高技术产业创新增长 1%，能够驱动中低技术产业经济增长 1.4494%。FDI 之所以能够对中低技术产业知识产出和产业间 HDLI 的相反影响，其原因在于 FDI 对不同解释变量都具有负向调节作用，这意味着在中低技术产业知识生产过程中，FDI 具有显著的"替代效应"。上文实证结果表明，FDI 对中低技术产业干中学、R&D 研发、高技术产业知识溢出与中低技术产业知识产出的关系起负向调节作用，但对不同变量起到的调节作用大小是有差异的，根据 $HDLI = 1 + \psi/(1 - \theta - \phi)$ 可知，在 ψ、θ 和 ϕ 都变小的情况下，HDLI 也会变小。

FDI 对中低技术产业知识产出和 HDLI 的不同影响，也间接反映出 FDI 在中国中低技术产业创新能力提升过程中起到的巨大作用，并且对本国高技术产业知识溢出形成一定程度的"替代效应"，FDI 通过挤占

第七章　开放经济：FDI对创新驱动效应的影响

高技术产业在中低技术产业创新能力增长中的位置和贡献，抑制了高、中低技术产业创新网络的交叉互动，使得高、中低技术产业间的知识流动速度和转化频率都受到一定程度的限制，进而造成高、中低技术产业间创新驱动效应水平的下降。这对我国进一步合理利用 FDI，进而促进中低技术产业创新能力提升，同时促使高、中低技术产业间创新网络协同演化提供了一些理论和实证支撑。

从区域 HDLI 的变化来看（图 7-2），FDI 对不同区域 HDLI 的影响是有差异的，但影响不大。考虑 FDI 因素后，东部和中部地区 HDLI 有略微下降，HDLI 分别从 1.6123 和 1.5636 下降至 1.4009 和 1.5334，而西部地区有所提升，从 1.2853 下降至 1.2926。表明东部和中部的 FDI 显著抑制了产业间创新驱动效应的发挥，而西部地区的 FDI 促进了产业间创新驱动效应发挥。因此，引进 FDI 要充分考虑区域的差异，否则容易造成与政策预期相反的结果。

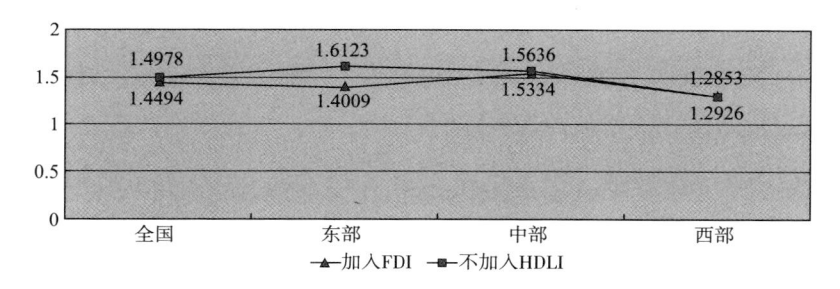

图 7-2　FDI 对区域 HDLI 的影响

（二）基于中国省际的 HDLI 变化

中国各省（市）HDLI 的测度结果（表 7-3）表明，加入 FDI 因素后，中国各省（市）HDLI 以及产业间互动发展模式部分发生了相应的变化，根据中国各地 HDLI 的变化，可将 FDI 的影响分为四类：①FDI 对 HDLI 正向影响大的地区。该类地区在引入 HDLI 后，HDLI 提升超过 50%，只有内蒙古一个省级单位，HDLI 由 0.1657 提升至

1.0718，高、中低技术产业间互动发展模式也从发散式转变为收敛式；②FDI对HDLI正向影响小的地区。该类地区的HDLI变化率小于50%，包括天津、河北、江苏、福建、山东、湖南、广西和新疆等8个省（市、区），其中，山东和湖南的高、中低技术产业间互动发展模式受FDI的影响较明显，HDLI分别由2.1209和1.0198提升至2.9588和1.3797。③FDI对HDLI负向影响大的地区。该类地区包括山西、上海、重庆、云南和陕西等5个省份，其HDLI变化都在-50%以上，其中，重庆和云南的HDLI变化率最大，HDLI分别由2.4933和0.8856减小至-2.9936和-3.8359，产业间的互动发展模式也由收敛式和发散式转变为挤出式，此外，上海由收敛式转变为发散式，陕西由收敛式转变为挤出式。④FDI对HDLI负向影响小的地区。这类地区的HDLI变化率小于-50%，包括北京、辽宁、吉林、黑龙江、浙江、安徽、江西、河南、湖北、广东、海南、四川、贵州、甘肃、青海和宁夏等16个省（市、区），其中，河南和宁夏的HDLI降幅最小，分别从1.6275和1.2094略微减小到1.5554和1.1408。总体看来，FDI对中国各地区HDLI的影响比较为明显（图7-3）。

表7-3　　　　　FDI对中国各省（市）HDLI的影响

地区	ϕ	θ	ψ	HDLI	变化率	模式
北京	-0.1612	0.5254	0.1027	1.1615	-19.42%	收敛
天津	-0.8324	-0.3932	1.1978	1.5382	12.32%	收敛
河北	0.0145	0.4267	0.1159	1.2073	4.31%	收敛
山西	-1.4040	2.8923	-0.0302	1.0618	-59.31%	收敛
内蒙古	-0.1210	0.5059	0.0442	1.0718	547.00%	收敛
辽宁	-0.0293	1.1231	0.0164	0.8250	-44.60%	发散
吉林	0.1380	0.5852	-0.1320	0.5229	-25.67%	发散
黑龙江	-0.2420	-0.1601	1.2465	1.8890	-28.71%	收敛
上海	-0.1647	1.0569	-0.0882	0.1822	-82.96%	发散
江苏	-0.0986	0.7865	0.6048	2.9377	15.75%	收敛

第七章　开放经济：FDI对创新驱动效应的影响

续表

地区	ϕ	θ	ψ	HDLI	变化率	模式
浙江	-0.4583	0.5986	0.6903	1.8029	-7.27%	收敛
安徽	-0.4657	0.8977	0.5757	2.0135	-21.08%	收敛
福建	0.6811	0.0449	0.1952	1.7125	29.48%	收敛
江西	0.6318	-0.5864	0.4810	1.5039	-6.98%	收敛
山东	0.3909	0.7758	-0.3266	2.9588	39.51%	收敛
河南	0.2077	0.0691	0.4017	1.5554	-4.43%	收敛
湖北	-0.4063	0.7023	0.1388	1.1972	-16.71%	收敛
湖南	-0.4590	0.1896	0.4821	1.3797	35.29%	收敛
广东	0.0427	0.2099	-0.1746	0.7664	-35.74%	发散
广西	0.1664	0.4688	0.4066	2.1147	8.75%	收敛
海南	-0.3049	0.2697	0.1186	1.1145	-9.56%	收敛
重庆	1.2620	-0.1047	0.6284	-2.9936	-220.07%	挤出
四川	0.6435	1.0503	-0.1386	1.1998	-37.69%	收敛
贵州	0.6535	-0.1114	-0.0813	0.8225	-31.06%	发散
云南	0.0955	0.8703	-0.1657	-3.8359	-533.13%	挤出
陕西	0.3081	1.0022	0.5312	-0.7116	-131.75%	挤出
甘肃	0.1453	0.0442	0.8537	2.0533	-6.81%	收敛
青海	0.2088	0.4131	-0.1030	0.7277	-45.66%	发散
宁夏	-0.0042	0.6037	0.0564	1.1408	-5.68%	收敛
新疆	0.4394	-0.0036	0.0588	1.1042	10.04%	收敛

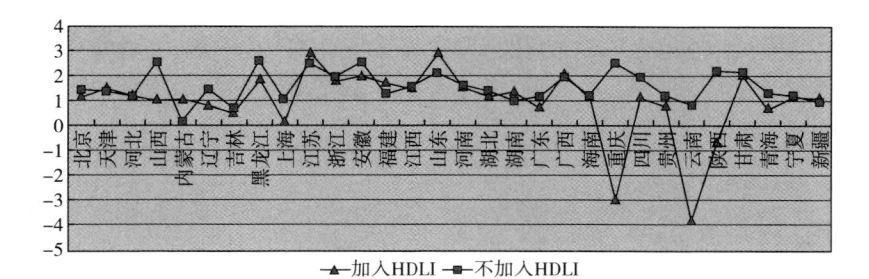

图7-3　中国各地区HDLI对HDLI的影响

第四节 本章小结

本章从开放经济的角度，针对FDI对高、中低技术产业间创新驱动效应的影响进行了分析。

通过文献梳理，本文总结了FDI在产业技术创新中的作用，并从FDI的溢出效应和FDI对自主创新的替代效应两个方面进行了分析，本章认为FDI溢出效应的实现主要通过竞争激励、模仿学习、人力资本流动和辐射关联四种途径得以实现，而FDI的替代效应分为自我技术锁定与被动技术锁定两种方式。本章通过将FDI因素纳入高技术——中低技术两部门理论模型，分析了发展中国家在"追赶"过程中，容易受到发达国家知识产权保护和FDI策略的影响，从而使得发展中国家陷入"准自主创新"的尴尬。

进一步，本章依据文献哲理分析和数理理论分析的过程和结论，提出了FDI对产业间创新驱动效应作用的相关假设，并针对假设进行了实证检验。实证结果验证了本章的假设H1a（FDI对中低技术产业知识产出具有正向作用）、H2b（FDI对中低技术产业干中学与中低技术产业创新绩效关系起负调节作用）、H3b（FDI对中低技术产业R&D研发与中低技术产业创新绩效关系起负调节作用）和H4b（FDI对中低技术产业研发与中低技术产业创新绩效关系起正调节作用）。

在实证结果基础上，本文测算了1995—2012年间全国、区域和各省（市）的高、中低技术产业间创新驱动指数（HDLI），并对比分析了FDI因素对HDLI的影响。对比分析结果表明：从全国整体来看，FDI对HDLI有负向的弱化作用，这种负向作用的形成是FDI对中低技术产业知识产出中的干中学、R&D研发和高技术产业知识溢出三个因素负向调节作用的综合结果。并且，由于FDI对中低技术产业知识产出具有正向影响，但引进 FDI 抑制了高、中低技术产业间创新驱动效应的发挥，因此，可以表明在产业间创新驱动效应发挥过程中，FDI 对高技术产业知识溢出存在一定程度的"替代效应"。从区域层面来看，FDI 对不同区域 HDLI 影响的地区差异较小。引入 FDI 因素后，东部和中部地区 HDLI 有略微下降，而西部地区有所上升。表明东部和中部的 FDI 没有显著促进产业间创新驱动效应的发挥，而西部地区的 FDI 促进了产业间创新驱动效应发挥。从各省（市、区）的情况来看，FDI 对有的省（市、区）影响较大，比如内蒙古、山西和上海等地区，这些地区的高、中低技术产业间互动发展模式发生了改变，而有的省（市、区）影响较小，比如，河南和宁夏等地区，HDLI 变化率都不大。

综合来看，本章的研究结论具有一定程度的政策启示意义。这就是在创新驱动战略的推进实施过程中，要准确认识 FDI 对中低技术产业创新和 HDLI 的不同影响，一方面要充分挖掘出 FDI 对中低技术产业创新能力提升的潜力，另一方面要通过政策引导，降低 FDI 对高、中低技术产业间知识流动和转化的抑制，使得内部不同技术水平产业间的创新网络交叉互动层次得到提升。

第八章 研究结论与政策启示

第一节 研究结论

在创新驱动战略实施的背景下，本书就"创新驱动"本身展开了相关研究，本书以中国高技术产业创新驱动中低技术产业经济增长为切入点和研究对象，通过文献梳理、数理模型和实证分析，分别回答了高技术产业创新驱动中低技术产业经济增长的本质、机理、效果和内外部影响等问题。本书的主要结论有：

（1）本书提出了创新驱动的内涵。从产业的技术属性看，本书认为创新驱动发展是指不同产业技术水平逐渐收敛于较高技术水平的过程，特别是中低技术产业部门技术水平向高技术产业部门趋近的过程。这一过程可以称为高技术产业创新驱动中低技术产业增长的过程，其本质是高技术产业创新向中低技术产业转移和扩散，带动中低技术产业资源配置优化和全要素生产率提升的过程。在这个意义上，高技术产业创新驱动中低技术产业经济增长可归纳为"创新驱动创新"，即依托技术密集度较高的高技术产业创新，驱动技术密集度较低的中低技术产业开展增量式创新、渐进式创新，逐渐提高中低技术产业自主创

第八章 研究结论与政策启示

新能力和协同创新能力，加快经济增长速度和改善经济增长质量。

（2）本书详细阐释了产业间创新驱动的内在机制。产业间创新驱动机制的发生是与创新的四个属性分不开的，即创新影响的不对等性、创新成果的可流动性、创新植入的破坏性和创新系统的适应性。结合创新的四种属性变化，本文将高技术产业创新驱动中低技术产业增长的过程分为四个阶段：嵌入驱动、协同驱动、融合驱动和逆向驱动。嵌入驱动是中低技术产业创新系统的主体、结构、组织或制度等要素，部分嵌入高技术产业创新系统并与后者交互作用，影响产业间创新行为的过程；协同驱动是高技术产业创新植入破坏促使中低技术产业创新系统适应性提高，促进产业间的主体、结构、组织或制度等要素以价值链为纽带，形成垂直或纵向协同创新关系网络的过程；融合驱动是在高、中低技术产业创新系统边界模糊、创新网络一体化的基础上，创新驱动从产业间转化为产业内的过程；逆向驱动是在中低技术产业创新系统嵌入高技术产业创新系统过程中，由于不兼容现象的出现，导致高技术产业挤占中低技术产业创新资源，制约中低技术产业经济增长的过程。

（3）根据创新驱动的内在机制和影响因素，本书构建了高技术—中低技术两部门理论模型。通过数理模型，深入分析了高技术产业创新驱动中低技术产业经济增长的过程，并在数理分析的基础上，构建了产业间创新驱动指数（HDLI），该指数反映了高技术产业创新驱动中低技术产业经济增长的程度，即 HDLI 越高，表明高技术产业创新对中低技术产业经济增长的贡献越大。同时，该指数还可以间接反映出高技术产业与中低技术产业间知识技术差距（知识势差）的变动趋势，进而反映产业间创新驱动过程以及两个产业发展模式变化。HDLI > 1，表示嵌入驱动，驱动效应较强，产业间知识技术差距呈现收敛式发展态势；HDLI = 1 表示融合驱动，驱动效应为 1，即高技术产业创新的增

· 163 ·

长幅度与其带动中低技术产业经济增长的幅度相等,在该效应下,存在平行式和锁定式两种产业互动发展模式,平行式发展表现为两部门间知识技术势差消失,中低技术产业沿着高技术产业发展路径成长,知识无障碍流动,而锁定式发展更多地体现了高低技术产业间的"知识鸿沟";$0 < HDLI < 1$,表示协同驱动,驱动效应较小,产业间的知识技术势差不断拉大,呈现发散式发展态势;$HDLI < 0$,表示逆向驱动,驱动效应为负,即高技术产业创新增长不仅没有带动中低技术产业经济增长,反而可能抑制后者增长,也就是高技术产业创新将使中低技术产业增长的资源变得更为稀缺,缩小后者成长规模,表现为"挤出式"发展特点。

(4)在理论分析基础上,本书采用1995—2012年中国省际面板数据对理论假设进行了检验。实证研究结果表明:中国在过去的18年间,中低技术产业干中学、研发和高技术产业知识溢出对中低技术产业知识产出具有显著的正向影响,其中,对中国中低技术产业知识产出贡献最大的是高技术产业知识溢出,其次是中低技术产业的R&D研发,而中低技术产业的干中学效应对中低技术产业知识生产的作用最小。从东部、中部和西部的划分来看,三个因素对中低技术产业知识产出的影响各有侧重,其中,东部的研发贡献最大,中部的高技术产业知识溢出贡献最多,而西部的干中学系数最大。进一步,在回归估计结果基础上,本书测算了1995—2012年间的中国整体和区域HDLI,结果表明:中国尚处于嵌入驱动阶段,高、中低技术产业间呈现收敛式互动发展态势。总体上看,高技术产业创新对经济增长具有"乘数效应",18年间中国高技术产业创新对中低技术产业经济增长的驱动指数为1.4533,即高技术产业创新增长1%,将驱动中低技术产业经济增长1.4533%。从区域上看,高技术产业创新对中部省份驱动作用最大,对西部驱动效果最小。

第八章 研究结论与政策启示

（5）在创新驱动理论分析和实证检验基础上，本书从质量评价层面，探讨了高技术产业创新质量对中低技术产业知识产出以及产业间创新驱动效应的影响。①本书提出了高技术产业创新质量的内涵以及评价体系。创新质量是衡量或评判创新价值的一种标准，体现了创新价值实现过程的总和。从产业的视角来看，高技术产业创新质量就是高技术产业创新满足高技术产业本身以及与高技术产业相关联的中低技术产业发展要求的程度，即高技术产业单位创新满足相关产业发展要求程度越高，单位创新质量越高。这意味着高技术产业创新质量的本质就是高技术产业创新与相关产业的协同发展，尤其强调创新的产业适应性。本书将高技术产业创新质量分为创新生成质量、创新应用质量、创新扩散质量和创新转化质量四个维度，从企业家创新意志、创新要素市场化、创新独占性、专有互补性资产、网络关系、市场结构、消化吸收和学习能力等八个方面构建了高技术产业创新质量评价体系，并采用主成分分析法测度了中国高技术产业创新质量综合得分。②本书将高技术产业创新质量因素纳入回归模型，检验高技术产业创新质量的相关假设。实证结果表明：高技术产业创新质量与中低技术产业知识产出的关系具有显著的负向关系，高技术产业创新质量对中低技术产业干中学与中低技术产业知识产出的关系具有显著的正调节作用，高技术产业创新质量对中低技术产业 R&D 研发与中低技术产业知识产出具有显著的正调节作用，高技术产业创新质量对高技术产业知识溢出与中低技术产业知识产出的关系具有显著的正调节作用。总体上看，高技术产业创新质量的提高显著促进了产业间创新驱动效应的发挥，引入高技术产业创新质量变量后，HDLI 由 1.4533 上升到 1.4914。

（6）本书进一步探讨了产权制度对产业间创新驱动效应发挥的影响。研究发现：知识产权保护对 HDLI 有正向的强化作用，这种正向作用的形成是知识产权保护对中低技术产业知识产出中的干中学、R&D研发和高技术产业知识溢出三个因素不同调节作用的综合结果。其中，知识产权保护对中低技术产业知识产出具有负向影响，知识产权保护对中低技术产业干中学与中低技术产业知识产出的关系具有显著的负向调节作用，知识产权保护对中低技术产业 R&D 研发与中低技术产业知识产出具有显著的负向调节作用，知识产权保护对高技术产业知识溢出与中低技术产业知识产出的关系具有显著的正向调节作用。

本书研究结论的政策启示可归纳为：创新驱动战略的推进实施过程中，不仅要协调好短期目标与长期目标的关系，还应考虑地区产业结构、资源禀赋、创新环境和产业关联等差异性因素，进而制定出符合本地需要的适宜程度的知识产权保护制度。原因在于：短期上，较高的知识产权保护强度政策能够较好的促进产业间创新驱动经济增长的实现，但对中低技术产业创新能力有所抑制，较低的知识产权保护强度政策虽利于中低技术产业创新能力的提升，但限制了产业间创新驱动效应的发挥，对短期增长不利；长期上，较高的知识产权保护强度不利于高、中低技术产业创新网络的交叉、渗透和融合，产业间的创新驱动效应发挥抗外部不确定性因素干扰能力较低，而较低的知识产权保护有可能抑制高技术产业创新积极性，不利于创新驱动效应的可持续性发挥。

（7）本书讨论了开放经济条件下的产业间创新驱动效应发挥问题。通过将 FDI 因素引入回归模型，本书发现：FDI 对产业间创新驱动效应的发挥具有抑制作用。在引入 FDI 后，HDLI 由 1.4978 减小至 1.4494，即在引入 FDI 条件下，中国高技术产业创新增长 1%，能够驱动中低技术产业经济增长 1.4494%。其原因在于 FDI 具有显著的"替代效应"，实证结果显示出 FDI 对中低技术产业知识产出有显著的正向作用，但对干中学、研发和高技术产业知识溢出与中低技术产业知识产出的关系具有负向调节作用。因此，本书提出认为，在创新驱动战略的推进实施过程中，要准确认识 FDI 对中低技术产业创新和 HDLI 的不同影响，一方面要充分挖掘出 FDI 对中低技术产业创新能力提升的潜力，另一方面要通过政策引导，降低 FDI 对高、中低技术产业间知识流动和转化的抑制，使得内部不同技术水平产业间的创新网络交叉互动层次得到提升。

第二节　政策启示

创新驱动发展是中国经济发展新常态的重要内容。面对中国经济"新常态"，经济发展的动力正在从要素驱动、投资驱动转向创新驱动的新常态。抓住新兴技术革命和技术创新带来的新机遇，加速创新驱动，再平衡产业发展模式，提高经济发展质量，既是新常态的内在要求，也是新常态的重要内容。尽管创新相对活跃的高技术产业规模不断扩大，影响力不断提升，但是在全球产业链分工体系中，中国中低技术产业却深陷于价值链低端"锁定"，其增长模式仍然属于规模扩张型而非质量提升型。随着中国"人口红利"的逐渐消失，支撑中低技术产业增长的低人力成本优势已不再明显，中低技术产业向"微笑曲线"两端攀升亟需创新驱动。那么，高技术产业的创新能否溢出到中低技术产业，驱动中低技术产业转型和升级，逐渐向高技术产业趋近，进而形成高、中低技术产业协同发展，实现整体经济的创新驱动发展呢？然而，回答这一问题并非易事，需要我们结合创新资源在高技术、中低技术产业间的非均衡分布，以及产业属性的差异等特点，来理清高技术产业创新驱动中低技术产业经济增长的内在机理，更需要我们寻找一种方法来判断产业间的创新驱动发展效果以及产业间的互动发展模式。

（1）创新驱动发展本质上是不同产业技术水平逐渐收敛于较高技术水平的过程。从产业的技术属性看，创新驱动发展就是高技术产业创新向中低技术产业转移和扩散，带动中低技术产业资源配置优化和全要素生产率提升的过程。根据新经济增长理论，经济增长的主要源泉是要素投入、知识积累，其中，知识积累与知识流动和知识扩散密不可分。不同产业间的技术密集度差异，即高中低技术产业间的技术差异，影响着产业间知识流动和扩散，中高及中低产业是生产、技术扩散及应用乃至经济增长的主要力量。在这个意义上，高技术产业创新驱动中低技术产业经济增长可归纳为"创新驱动创新"，即依托技术密集度较高的高技术产业创新，驱动技术密集度较低的中低技术产业开展增量式创新、渐进式创新，逐渐提高中低技术产业自主创新能力和协同创新能力，加快经济增长速度和改善经济增长质量。

（2）高、中低技术产业间创新驱动机理：创新属性、驱动阶段与核心因素。高技术产业创新之所以能够驱动中低技术产业经济增长，是与创新的如下四种属性分不开的：一是创新影响的不对等性；二是创新成果的可流动性；三是创新植入的破坏性；四是创新系统的适应性。

结合创新的四种属性变化，可将高技术产业创新驱动中低技术产业增长的过程分为四个阶段：一是嵌入驱动。即中低技术产业创新系统的主体、结构、组织或制度等要素，部分嵌入高技术产业创新系统并与后者交互作用，影响产业间创新行为的过程。在该阶段，高技术产业创新对中低技术产业的经济增长的驱动效应最显著，中低技术产业创新能力快速提升，且中低技术产业知识技术水平快速向高技术产业靠拢，产业间具有"收敛式"互动发展态势；二是协同驱动。即高技术产业创新植入破坏促使中低技术产业创新系统适应性提高，促进产业间的主体、结构、组织或制度等要素以价值链为纽带，形成垂直或纵向协同创新关系网络的过程。在该阶段，由于中低技术产业创新

第八章 研究结论与政策启示

系统柔性或灵活性的下降,高技术产业创新对中低技术产业经济增长的驱动效果会小于嵌入驱动阶段。随着知识流动的滞后性和中低技术产业的创新惰性(搭便车行为),产业间的知识势差有可能增大,产业间具有"发散式"发展态势;三是融合驱动。即在高、中低技术产业创新系统边界模糊、创新网络一体化的基础上,创新驱动从产业间转化为产业内的过程。在该阶段,中低技术产业创新系统的主体、结构、组织或制度等要素完成"高技术化",也可以将这一过程视为高技术产业系统的"去高技术化"。产业间发展具有"并行式"或"锁定式"发展态势;四是逆向驱动。在中低技术产业创新系统嵌入高技术产业创新系统过程中,由于不兼容现象的出现,导致高技术产业挤占中低技术产业创新资源,制约中低技术产业经济增长的过程。逆向驱动不仅对高、中低技术产业间协调发展产生显著的消极影响,而且会拉低整个经济体的经济增长速度,进一步加大了产业间的知识势差,产业间表现为"挤出式"发展态势。

知识溢出是高技术产业创新驱动中低技术产业增长的核心因素。高技术产业创新向中低技术产业知识溢出的过程,是技术和知识属性差异显著的两类主体之间通过直接或间接的方式交流显性和隐性知识的过程。这种与创新驱动发展相关的知识溢出主要表现为三个方面:一是增加中低技术产业知识存量;二是降低产业间知识技术势差;三是促进产业增长趋同。

(3)"产业间创新驱动指数"反映了高技术产业创新对中低技术产业经济增长的驱动作用。"产业间创新驱动指数"反映了高技术产业创新驱动中低技术产业经济增长的程度,即指数越高,表明高技术产业创新对中低技术产业经济增长的贡献越大。同时,该指数间接反映出高技术产业与中低技术产业间知识技术差距(知识势差)的变动趋势,进而反映产业间创新驱动过程以及两个产业发展模式变化。指数大于1，表示嵌入驱动，驱动效应较强，即高技术产业创新每增长1%，带动中低技术产业经济增长的速度超过1%，中低技术产业将向高技术产业方向发展——产业间知识技术差距呈现收敛式发展态势；指数等于1，表示融合驱动，驱动效应为1，即高技术产业创新的增长幅度与其带动中低技术产业经济增长的幅度相等，在该效应下，存在平行式和锁定式两种产业互动发展模式，平行式发展表现为两部门间知识技术势差消失，中低技术产业沿着高技术产业发展路径成长，知识无障碍流动，而锁定式发展更多地体现了高低技术产业间的"知识鸿沟"；指数介于0和1之间，表示协同驱动，驱动效应较小，即高技术产业创新驱动中低技术产业经济增长的幅度小于高技术产业创新的增长幅度，两个产业间的知识技术势差不断拉大，呈现发散式发展态势；指数小于0，表示逆向驱动，驱动效应为负，即高技术产业创新增长不仅没有带动中低技术产业经济增长，反而可能抑制后者增长，也就是高技术产业创新将使中低技术产业增长的资源变得更为稀缺，缩小后者成长规模，表现为"挤出式"发展特点。

（4）中国高技术产业对中低技术产业的创新驱动尚处于嵌入驱动阶段，产业间呈现"收敛式"演化发展态势。我们认为中国高、中低技术产业间创新驱动指数大于1，表明中国高技术产业和中低技术产业在缩小知识技术势差与创新网络交叉融合方面拥有较大潜力。现阶段的最显著特点就是，创新驱动发展主要依靠高、中低技术产业的协同创新，单纯的模仿学习无法实现创新驱动发展，即高技术产业知识溢出和研发对产业间创新驱动效应的贡献较高，而干中学的贡献较小。其原因在于中低技术产业干中学效应缺乏充分释放的时间，以及干中学主体缺乏必要的技术学习和人力资本基础。单纯依赖干中学，可能会引发"收敛模式"的不稳定性。因为，中低产业的外向型经济结构和价值链低端的产业结构特点，可以从高技术产业部门创新的知识溢

第八章 研究结论与政策启示

出中获益，但是当市场环境变化时，干中学效应以及较低水平的研发难以形成有效的内生动力，无法为稳定发展提供支撑。

因此，我们提出三个方面的政策建议：

一是构建产业间协同创新系统。与产业政策相配合，不断强化中低技术企业在创新中的主体地位，增强对中低技术产业研发的资金和政策支持；与产业转移和产业结构调整升级相协调，加快以信息技术为代表的高技术产业对传统产业改造，提升中低技术产业中的高技术含量，促进工业化、信息化融合发展；与中低技术产业人力资本投资相关联，完善中低技术产业劳动力就业和保障市场，激发产业工人技术学习和技术改造热情，扩大干中学在中低技术产业创新中的参与度。

二是形成产业间技术转移与扩散机制。面向中低技术产业部门，采用创新卷、后补助、奖励等方式，促进产业间共性技术平台建设，加速实用技术和共性技术流动，形成良好的技术转移机制。依托各地高新区、高技术产业集群，围绕高技术产业配套体系建设和技术创新体系建设，通过战略投资、并购、VC、推广示范等方式，优化产业链上下游中的中低技术产业技术资源配置，形成促进创新成果资本化和产业化的技术扩散机制。

三是完善产业间创新生态环境。面向多层次、差异化需求，协调突破式创新和节俭式创新、增量创新和渐进创新，形成大众创新和全面创新的文化。采用适宜的知识产权保护力度，降低产业间知识溢出的门槛。发展技术评估、技术转移、技术推广、商业模式等相关科技中介，为产业间技术流动提供信息支持和服务。合理调整优化利用外资政策，结合产业间融合发展，策略性地引导和利用FDI。在发挥大企业在创新驱动发展中作用的同时，扶持和带动一大批协作配套中小企业，形成一种适宜的企业规模结构，为创新驱动发展提供更多有活力的微观经济单元。

・171・

参考文献

［美］阿瑟·刘易斯：《经济增长理论》，梁小民译，上海人民出版社1994年版。

［美］道格拉斯·诺斯：《经济史中的结构与变迁》，陈郁等译，上海人民出版社2010年版。

［美］罗伯特·考特、托马斯·尤伦：《法和经济学》，史晋川等译，格致出版社2012年版。

［美］罗纳德·科斯：《财产权利与制度变迁》，刘守英等译，格致出版社2014年版。

［美］约翰·康芒斯：《制度经济学（上、下）》，赵睿译，商务印书馆2017年版。

［美］詹姆斯·M. 布坎南：《自由、市场与国家》，上海三联书店1989年版。

［日］富田彻男：《市场竞争中的知识产权》，廖正衡等译，商务印书馆2017年版。

安源、钟韵：《研发和知识溢出对城市创新绩效作用的实证研究——基于广东21个地级市的空间面板数据分析》，《科技进步与对策》2013年第1期。

参考文献

巴吾尔江、董彦斌、孙慧：《基于主成分分析的区域科技创新能力评价》，《科技进步与对策》2012年第12期。

薄文广：《外部性与产业增长——来自中国省级面板数据的研究》，《中国工业经济》2007年第1期。

蔡伟毅、陈学识：《国际知识溢出与中国技术进步实证研究》，《世界经济研究》2010年第5期。

陈继勇、盛杨怿：《外商直接投资的知识溢出与中国区域经济增长》，《经济研究》2008年第12期。

陈继勇、隋晓锋：《FDI垄断优势、知识溢出与发展中国家经济增长》，《世界经济研究》2011年第9期。

陈劲、邱嘉铭、沈海华：《技术学习对企业创新绩效的影响因素分析》，《科学学研究》2007年第6期。

陈桃红：《广西区域竞争力评价与对策：基于层级分析》，《广西民族大学学报（哲学社会科学版）》2012年第1期。

陈艳莹、鲍宗客：《干中学与中国制造业的市场结构：内生性沉没成本的视角》，《中国工业经济》2012年第8版。

陈瑜：《企业技术创新的知识产权保护》，《北京理工大学学报》2002年第5期。

陈羽、邝国良：《FDI、技术差距与本土企业的研发投入》，《国际贸易问题》2009年第7期。

程璐：《高技术虚拟产业集群知识溢出效应研究》，《科技进步与对策》2012年第10期。

戴魁早、刘友金：《市场化进程对创新效率的影响及行业差异——基于中国高技术产业的实证检验》，《财经研究》2013年第5期。

单豪杰：《中国资本存量K的再估算：1952—2006年》，《数量经济技术经济研究》2008年第10期。

邓路：《FDI 溢出效应与自主技术创新效率》，《财经论丛》2010 年第 1 期。

窦红宾：《知识溢出、集群学习、区域竞争力提升效应》，《未来与发展》2009 年第 12 期。

段会娟：《集聚、知识溢出类型与区域创新效率——基于省级动态面板数据的 GMM 方法》，《科技进步与对策》2011 年第 10 期。

段会娟：《知识溢出的测度方法综述》，《科技进步与对策》2010 年第 5 期。

范承泽、胡一帆、郑红亮：《FDI 对国内企业技术创新影响的理论与实证研究》，《经济研究》2008 年第 1 期。

范剑勇、石灵云：《地方化经济与劳动生产率：来自制造业四位数行业的证据》，《浙江社会科学》2008 年第 5 期。

范剑勇、朱国林：《中国地区差距的演变及其结构分解》，《管理世界》2002 年第 7 期。

范剑勇：《产业集聚与地区间劳动生产率差异》，《经济研究》2006 年第 11 期。

方希桦、包群、赖明勇：《国际技术溢出：基于进口传导机制的实证研究》，《中国软科学》2004 年第 7 期。

冯志军、朱建新：《我国区域科技创新二阶段效率评价及策略研究》，《科技进步与对策》2011 年第 6 期。

冯宗宪、王青和侯晓辉：《政府投入、市场化程度与中国工业企业的技术创新效率》，《数量经济技术经济研究》2011 年第 4 期。

高良谋、李宇：《企业规模与技术创新倒 U 关系的形成机制与动态拓展》，《管理世界》2009 年第 8 期。

高素英、陈蓉、张艳丽：《京津冀人力资本与区域科技创新能力的关系研究》，《天津大学学报（社会科学版）》2011 年第 11 期。

高霞、陈凯华、宵建成：《标度无关性视知下的我国区域科技创新绩效评价研究》，《中国软科学》2012年第8期。

高长元、程璐：《高技术虚拟产业集群知识溢出机制研究》，《科技进步与对策》2011年第6期。

高志刚：《基于组合评价的中国区域竞争力分类研究》，《经济问题探索》2006年第1期。

郭强：《基于省级数据的区域科技创新政策评估》，《统计与决策》2012年第3期。

郭玉清、杨栋：《人力资本门槛、创新互动能力与低发展陷阱——对1990年以来中国地区经济差距的实证检验》，《财经研究》2007年第6期。

贺贵才、于永达：《知识产权保护与技术创新关系的理论分析》，《科研管理》2011年第11期。

洪银兴：《论创新驱动经济发展战略》，《经济学家》2013年第1期。

胡凯：《我国区域科技创新绩效分析——基于2000—2009年的面板数据》，《科技进步与对策》2012年第12期。

黄玖立、黄俊立：《市场规模与中国省区的产业增长》，《经济学（季刊）》2008年第7期。

黄玮强、庄新田：《网络结构与创新扩散研究》，《科学学研究》2007年第5期。

黄志启、张光辉：《产业集群中知识溢出研究述评》，《生产力研究》2009年第24期。

黄志启：《高科技产业集群中知识溢出效应的模型分析》，《科技进步与对策》2012年第5期。

黄志启：《国外知识溢出效应研究前沿探析与展望》，《生产力研究》2012 年第 1 期。

姜磊、季民河:《城市化、区域创新集群与空间知识溢出——基于空间计量经济学模型的实证》,《软科学》2011 年第 12 期。

蒋伏心、王竹君、白俊红:《环境规制对技术创新影响的双重效应——基于江苏制造业动态面板数据的实证研究》,《中国工业经济》2013 年第 7 期。

金煜、陈钊、陆铭:《中国的地区工业聚集:经济地理、新经济地理与经济政策》,《经济研究》2006 年第 4 期。

赖俊平、张涛、罗长远:《动态干中学、产业升级与产业结构演进——韩国经验及对中国的启示》,《产业经济研究》2011 年第 3 期。

类骁、韩伯棠、尚瑶:《长江三角洲地区知识溢出水平研究——基于泰尔指数方法》,《科学学与科学技术管理》2011 年第 6 期。

李柏洲、苏峻:《基于改进突变级数的区域科技创新能力评价研究》,《中国软科学》2012 年第 6 期。

李平、随洪光:《三种自主创新能力与技术进步:基于 DEA 方法的经验分析》,《世界经济》2008 年第 2 期。

李青:《知识溢出:对研究脉络的基本回顾》,《数量经济技术经济研究》2007 年第 6 期。

李燃、王立平、刘琴琴:《地理距离与经济距离对创业知识溢出影响的实证分析》,《科技进步与对策》2012 年第 10 期。

李守伟、钱省三、沈运红:《基于产业网络的创新扩散机制研究》,《科研管理》2007 年第 4 期。

李武威:《技术转移、消化吸收与产品创新绩效——一个基于中国内资高技术产业面板数据的研究》,《科技管理研究》2012 年第 9 期。

李晓钟、张小蒂:《外商直接投资对我国技术创新能力影响及地区差异分析》,《中国工业经济》2008 年第 9 期。

参考文献

李贞、杨洪涛：《吸收能力、关系学习及知识整合对企业创新绩效的影响研究——来自科技型中小企业的实证研究》，《科研管理》2012年第1期。

梁琦：《中国制造业分工、地方专业化及其国际比较》，《世界经济》2004年第12期。

刘春田：《中国知识产权二十年》，知识产权出版社1998年版。

刘和东：《区域创新溢出效应的实证研究——基于超越知识生产函数的动态面板模型分析》，《科学学研究》2011年第7期。

刘厚俊、刘正良：《人力资本门槛与FDI效应吸收——中国地区数据的实证检验》，《经济科学》2006年第5期。

刘修岩、贺小海、殷醒民：《市场潜能与地区工资差距：基于中国地级面板数据的实证研究》，《管理世界》2007年第9期。

刘志彪：《从后发到先发：关于实施创新驱动战略的理论思考》，《产业经济研究》2011年第4期。

罗珉、赵红梅：《中国制造的秘密：创新+互补性资产》，《中国工业经济》2009年第5期。

罗炜、唐元虎：《企业合作创新的原因与动机》，《科学学研究》2001年第3期。

吕忠伟：《R&D空间溢出对区域知识生产的作用研究》，《统计研究》2009年第4期。

潘文卿、李子奈、刘强：《中国产业间的技术溢出效应：基于35个工业部门的经验研究》，《经济研究》2011年第7期。

彭向、蒋传海：《产业集聚、知识溢出与地区创新——基于中国工业行业的实证检验》，《经济学（季刊）》2011年第4期。

沙文兵、李桂香：《FDI知识溢出、自主R&D投入与内资高技术企业创新能力——基于中国高技术产业分行业动态面板数据模型的检验》,《世界经济研究》2011年第1期。

沈坤荣、李剑:《企业间技术外溢的测度》,《经济研究》2009年第4期。

沈能、李富有:《技术势差、进口贸易溢出与生产率空间差异——基于双门槛效应的检验》,《国际贸易问题》2012年第9期。

孙建、齐建国:《人力资本门槛与中国区域创新收敛性研究》,《科研管理》2009年第6期。

孙江永、冼国明:《产业关联、技术差距与外商直接投资的技术溢出》,《世界经济研究》2011年第4期。

王红领、李道葵、冯俊新:《FDI与自主研发：基于行业数据的经验研究》,《经济研究》2006年第2期。

王然、燕波、邓伟根:《FDI对我国工业自主创新能力的影响及机制——基于产业关联的视角》,《中国工业经济》2010年第11期。

魏守华、姜宁、吴贵生:《本土技术溢出与国际技术溢出效应》,《财经研究》2010年第5期。

魏守华、姜宁、吴贵生:《内生创新努力、本土技术溢出与长三角高技术产业创新绩效》,《中国工业经济》2009年第2期。

吴桂生:《技术创新管理》,清华大学出版社2000年版。

吴敬琏:《政府在营建中国"硅谷"过程中的作为》,《特区与港澳经济》2000年第12期。

吴延兵:《国有企业双重效率损失研究》,《经济研究》2012年第3期。

夏天:《创新驱动经济发展的显著特征及其最新启示》,《中国软科学》2009年第2期。

冼国明、严兵:《FDI对中国创新能力的溢出效应》,《世界经济》2005年第10期。

谢洪明、张霞容、程聪：《网络关系强度、企业学习能力对技术创新的影响研究》，《科研管理》2012年第2期。

徐明华、包海波：《知识产权强国之路——国际知识产权战略研究》，知识产权出版社2003年版。

许春明、单晓光：《中国知识产权保护强度指标体系的构建及验证》，《科学学研究》2008年第4期。

薛红志：《新技术企业的技术专利与外部资源整合》，《科学学研究》2010年第1期。

严成樑、周铭山、龚六堂：《知识生产、创新与研发投资回报》，《经济学（季刊）》2010年第3期。

杨立国、缪小明、曾又其：《基于企业成长的中小型高科技企业创新质量评估模式研究》，《科技管理研究》2007年第6期。

杨幽红：《创新质量理论框架：概念、内涵和特点》，《科研管理》2013年第12期。

张古鹏、陈向东、杜华东：《中国区域创新质量不平等研究》，《科学学研究》2011年第11期。

张广胜、周娟：《FDI对城乡收入不均等影响的实证研究——基于省级面板数据的GMM分析》，《财经科学》2009年第2期。

张海洋：《外国直接投资对我国工业自主创新能力的影响》，《国际贸易问题》2008年第1期。张汉林：《经济增长新引擎》，中国经济出版社1998年版。

张军、吴桂英、张吉鹏：《中国省际物质资本存量估算：1952~2000》，《经济研究》2004年第10期。

张军：《现代产权经济学》，上海三联书店1991年版。

张来武：《论创新驱动发展》，《中国软科学》2013年第1期。

张平：《国家发展与知识产权战略实施》，《中国发明与专利》2008

年第 8 期。

张倩肖、冯根福:《三种 R&D 溢出与本地企业技术创新》,《中国工业经济》2007 年第 11 期。

赵勇、白永秀:《知识溢出:一个文献综述》,《经济研究》2009 年第 1 期。

周冠华、杨幽红:《创新质量有何决定?——基于文献的整合性研究框架》,《标准科学》2014 年第 8 期。

庄子银:《知识产权、市场结构、模仿和创新》,《经济研究》2009 年第 11 期。

Aitken, B. J. and Harrison, A. E. "Do Domestic Firms Benefit from Direct Foreign Investment? Evidence from Venezuela", *American Economic Review*, Vol. 89, No. 3, 1999.

Annalee Saxenian, Jinn-Yuh Hsu, "The silicon Valley-Hsinchu Connection: Technical Communities and Industrial Upgrading", *Industrial and Corporate Change*, Vol. 10, No. 4, 2001.

Bahk, B. H., and Gort, M., "Decomposing Learning-by-Doing in New Plants", *The Journal of Political Economy*, Vol. 101, No. 4, 1993.

Barro R. J., Sala. I. and Martin, "Technological Diffusion, Convergence, and Growth", *Journal of Economic Growth*, No. 2, 1997.

Cannice M. V., Chen R. and Daniels J. D., "Managing International Technology Transfer Risk: A Case Analysis of U. S. High-technology Firms in Asia", *Journal of High Technology Management Research*, No. 14, 2003.

Caves R. E., "Industrial Corporations: the Industrial Economics of Foreign Investment", *Economica*, Vol. 141, No. 38, 1971.

Caves R. E., "Multinational Firms, Competition and Productivity in Host-Country Markets", *Economica*, No. 41, 1974.

参考文献

Chen E. K. Y., "Multinational Corporations and Technology Diffusion in Hongkong Manufacturing", *Applied Economies*, No. 15, 1983.

Cheung, K. and P. Lin., "Spillover Effects of FDI on Innovation in China: Evidence fromthe Provincial Data", *China Economic Review*, Vol. 15, No. 1, 2004.

Christoph Grimpe and Woifgang Sofka, "Search Patterns and Absorptive Capacity: Low-and High-Technology Sectors in European Countries", *Research Policy*, No. 38, 2009.

Coe, D. and E. Helpman, "International R&D Spillovers", *European Economic Review*, No. 39, 1995.

Cyert, Richard M. and Goodman, Paul S., "Creating Effective University-Industry Alliances: An Organizational Learning Perspective", *Organizational Dynamics*, Vol. 8 No. 37, 1997.

Das, S., "Externalities and Technology Transfer Through Multinationals Corporations: A Theoretical Analysis", *Journal of International Economies*, No. 22, 1987.

Dosi G., "Sources, Procedures, and Microeconomic Effects of Innovation", *Journal of Economic Literature*, Vol. 26, No. 3, 1988.

Dougall G. D., "The Benefits and Costs of Private Investment from Abroad: A Theoretical Approach", *Economic Record*, No. 12, 1960.

Fan C. and Y. F. Hu., "Foreign Direct Investment and Indigenous Technological Efforts: Evidence from China", *Economics Letters*, No. 96, 2007.

Gershenberg, "The Training and Spread of Managerial Know-how, A Comparative Analysis of Multinational and Other Firms in Kenya", *World Development*, No. 15, 1987.

Glass, A. and Saggi, K., "Multinational Firms and Technology Transfer", *Scandinavian Journal of Economics*, Vol. 104, No. 4, 2002.

Grossman, and E. Helpman. , *Innovation and Growth in the Global Economy*, Cambridge: MIT Press, 1991.

Haddad M. and Harrison A. , "Are There Positive Spillovers from Direct Foreign Investment? Evidence from Panel Data for Morocco", *Journal of Development Economies*, No. 42, 1993.

Haner U. E. , "Innovation Quality: A Conceptual Framework", *International Journal of Production Economics*, No. 80, 2002.

Harrison A. , "Productivity, Imperfect Competition and Trade Reform", *Journal of International Economies*, No. 36, 1994.

Hermelinda P, Kylaheiko K, Julianne T. , "The Janus Face of the Appropriability Regime in the Protection of Innovations: Theoretical Re-Appraisal and Empirical Analysis", *Technovation*, Vol. 27, No. 3, 2007.

Holmstrom Bengt, "Agency Costs and Innovation", *Journal of Economic Behavior and Organization*, Vol. 12, No. 3, 1989.

Hu A. and G. Jefferson. , *FDI, Technological Innovation, and Spillover: Evidence from Large and Medium Size Chinese Enterprises*, Brandeis University: Waltham, MA, 2001.

Humphrey, J. and Schmitz, H. *Governance and Upgrading: Linking Industrial Cluster and Global Value Chains Research*, IDS Working Paper, 2000.

Jaffe A. B. , "The Importance of Spillovers in the Policy Mission of The Advanced Technology Program", *Journal of Technology Transfer*, No. 2, 1998.

Johan Hauknes and Mark Knell, "Embodied Knowledge and Sectoral Linkages: An Input-Output Approach to The Interaction of High-and Low-

Tech Industries", *Research Policy*, No. 38, 2009.

Jolly V. K., *Commercializing New Technologies: Getting Mind to Market*, Cambridge: Harvard Business School Press, 1997.

Jones C., "R&D Based Models of Economic Growth", *Journal of Political Economy*, No. 4, 1995.

Katz J. M., *Technology Generation in Latin American Manufacturing Industries*, New York: St. Martins Press, 1987.

Kneller R. and Pisu M., "Industrial Linkages and Export Spillovers from FDI", *The World Economy*, No. 1, 2007.

Kokko A., "Productivity Spillovers from Competition between Local Firms and Foreign Affiliates", *Journal of International Development*, No. 8, 1996.

Lall S., "Technological Capabilities and Industrialization", *World Development*, No. 20, 1992.

Langdon S., *Multinational Corporations in the Political Economy of Kenya*, New York: St. Matin's Press, 1981.

Leifer R., *Radical Innovation: How Mature Companies Can Outsmart Upstarts*, Boston: Harvard Business School Press, 2000.

Lopez L. E., "Roberts E B. First-mover Advantages in Regimes of Weak Appropriability: The Case of Financial Services Innovations", *Journal of Business Research*, Vol. 55, No. 12, 2002.

Luis Santamaría, "Beyond Formal R&D: Taking Advantage of Other Sources of Innovation in Low-and Medium-Technology Industries", *Research Policy*, No. 38, 2009.

Magrini S., *Regional Convergence*, Amsterdam: North Holland Publishing, 2004.

Mansfield E. , "Patents and Innovation: An Empirical Study", *Management Science*, Vol. 32, No. 2, 1986.

Nerkar A. and Roberts P. W. , "Technological and Product Market Experience and the Success of New Product Introductions in the Pharmaceutical Industry", *Strategic Management Journal*, Vol. 25, No. 8, 2004.

Pejovich S. , *The economics of Property Rights: Towards a Theory of Comparative Systems*, Kluwer Academic Publichers, 1990.

Pessoa A. , "Ideas Driven Growth: The OECD Evidence", *Portuguese Economic Journal*, No. 1, 2005.

Qian Yingyi and Chenggang Xu, "Innovation and Bureaucracy under Soft and Hard Budget Constraints", *Review of Economic Studies*, No. 65, 1998.

Rivera Batiz and Romer, "Economic Integration and Endogenous Growth", *Quarterly Journal of Economics*, Vol. 106, No. 2, 1991.

Romer P. , "Endogenous Technological Change", *Journal of Political Economy*, Vol. 98, No. 5, 1990.

Sandro Mendonca, "Brave Old World: Accounting for High-Tech Knowledge in Low-tech Industries", *Research Policy*, No. 38, 2009.

Sinani E. and Meyer K. E. , "Spillovers of Technology Transfer from FDI: the Case of Estonia", *Journal of Comparative Economics*, No. 32, 2004.

Teece D. J. , "Profiting from Technological Innovation: Implications for Integration, Collaboration, Licensing and Public Policy", *Research Policy*, Vol. 15, No. 6, 1986.

Wang J. Y. and Bloodstream M. , "Foreign Investment and Technology Transfer: A Simple Model", *European Economic Review*, Vol. 36, No. 1,

1992.

Xiaoying Li, Xiaming Liu and P. David, "Foreign Direct Investment and Productivity Spillovers in the Chinese Manufacturing Sector", *Economic Systems*, No. 25, 2001.